Margarete Rettkowski-Felten · Michaela Jordan

Spieglein, Spieglein an der Wand ...
Das Spiegelbuch für Kindergarten, Hort und Grundschule

Margarete Rettkowski-Felten · Michaela Jordan

Spieglein, Spieglein an der Wand ...

Das Spiegelbuch für Kindergarten, Hort und Grundschule

verlag das netz
Weimar · Berlin

Bitte richten Sie Ihre Wünsche, Kritiken und Fragen an:
verlag das netz · Redaktion Betrifft KINDER
Kreuzstr. 4 · 13187 Berlin
Telefon: +49 30.48 09 65 36 · Telefax: +49 30.48 15 686
E-Mail: evagrueber@verlagdasnetz.de

Kontakt zu den Autorinnen:
Margarete Rettkowski-Felten
Ursulakloster 21 · 50668 Köln · Telefax: 02 21.912 39 07
E-Mail: m.rettkowski-felten@netcologne.de · Internet: www.rettkowski-felten.de

ISBN 978-3-937785-83-7

Alle Rechte vorbehalten
© 2008 verlag das netz, Weimar · Berlin
Das Werk und alle seine Teile sind urheberrechtlich geschützt. Jede Verwertung außerhalb der Grenzen des Urheberrechtsgesetzes ist ohne Zustimmung des Verlages nicht zulässig und strafbar. Das gilt insbesondere für Vervielfältigungen, Übersetzungen, Mikroverfilmungen und die Einspeicherung und Verarbeitung in elektronischen Systemen.

Lektorat: Nora Döring
Gestaltung: Jens Klennert, Tania Miguez
Fotos: Michaela Jordan, Heide Nettesheim, Ludwig Esser, Volker Döring
Zeichnungen: Michaela Jordan, Margarete Rettkowski-Felten
Abbildungsnachweis: S. 20 August Sander: »Jungbauern«, 1914, copyright by: Die Photographische Sammlung-August Sander Archiv
S. 22 Man Ray: »Lippen an Lippen«, copyright by: Man Ray Trust, Paris/VG Bild-Kunst, Bonn 2008
S. 22 Roy Lichtenstein: »Hot Dog«, copyright by: VG Bild-Kunst, Bonn 2008
S. 34 Salvatore Dali: »Spiegeleier auf dem Teller«, 1932, copyright by: Salvador Dali, Fundacio Gala-Salvador Dali/VG Bild-Kunst, Bonn 2008
Rene Magritte: »La Reproduction Interdite«, copyright by: VG Bild-Kunst, Bonn 2008
S. 80 Ernst Ludwig Kirchner: »Fränzi vor geschnitztem Stuhl«, copyright by: Ingeborg und Dr. Wolfgang Henze-Ketterer, Wichtrach/Bern
S. 80 Succession Henri Matisse/VG Bild-Kunst, Bonn 2008
S. 81 Adolf Luther: Spiegel-Objekte, copyright by: VG Bild-Kunst, Bonn 2008
S. 82 M.C.Escher: »Hand with Reflecting Sphere«, copyright by: 2008, The M.C.Escher Company-Holland. Alle Rechte vorbehalten, www.mcescher.com
S. 82 Mariko Mori: »Mirror of Water«, copyright by: Mariko Mori Studio, NY
S. 83 Rebecca Horn: »Mondspiegel«, copyright by: VG Bild-Kunst, Bonn 2008
S. 87 Anish Kapoor: »Cloud Gate«, »Turning the World upside«, Sammlung Deutsche Bank
(Bildrecherchen nach bestem Gewissen, berechtigte Ansprüche werden bei entsprechendem Nachweis im Rahmen der üblichen Honorarvereinbarungen abgegolten.)
Druck und Bindung: COLORDRUCK Zwickau GmbH & Co. KG
Printed in Germany

Weitere Informationen finden Sie unter www.verlagdasnetz.de.

Inhalt

Einleitung 9

    Der pädagogische Ansatz 14
    Zur Methodik 14
    Ein weltumspannendes Kulturerbe 14
    Überall Spiegel! 18

Entwicklungspsychologie: Vom Neugeborenen zum Schulkind 27

Spiegelexpeditionen: Wahrnehmen – Betrachten – Spielen – Experimentieren 33

    Spiegelungen in der Natur 35
    Spiegelungen in der Stadt 38
    Beobachtungen im Alltag 44

Spiegellabor: Sammeln – Suchen – Forschen – Ordnen 47

Die Welt im Spiegel 50
Abbild und Täuschung 50
Spiel mit der Unsichtbarkeit 51
Vorderseite und Rückseite 51
Umlenkspiegel 54
Spiegelsymmetrie 55
Spiegelschrift 55
Musikalische Spiegelung 58
Ebene Spiegel 58
Gewölbte Spiegel 59
Bilderfangen 63
Spiegelbilder in Gegenständen 64
Kleine Spiegelgeschichte 65
Halbdurchlässige Spiegel 65
Spiegelwerkstatt 65

Spiegelkunst: Erfinden – Ideen entwickeln – schöpferisch sein – Gestalten 67

Sandspiegelobjekt 68
Schmuckspiegel 72
Folienspiegel 72
Spiegelscherben 73
Spiegelschmuck 73
Geschmacksspiegel-Memory 74
Raumillusionen 74
Kaleidoskop 75
Periskop 75

Inhalt 7

Ideen aus Spiegelungen in der Kunst: Malerei – Grafik – Plastik 79

    Ernst Ludwig Kirchner   80
    Henri Matisse   80
    Adolf Luther   81
    M. C. Escher   82
    Mariko Mori   82
    Baumkino   83

Im Spiegelexpress um die Welt 85

Einleitung

Dieses Buch wendet sich an alle im täglichen Erziehungsprozess Stehenden – Eltern, Erzieherinnen, Großeltern, Grundschullehrer – und an alle anderen, die mit Kindern schöpferisch arbeiten. Es zeigt sowohl dem aufmerksamen Laien als auch der speziell ausgebildeten Fachpädagogin anschauliche Beispiele, Methoden und Wege, um in das geheimnisvolle Reich der Spiegel und Spiegelungen einzudringen.

Unter dem übergreifenden Aspekt »Weltwissen« findet es seinen Platz in Spielkreisen, Teamsitzungen, Weiterbildungsveranstaltungen oder multikulturellen Projekten, also überall, wo Kreativität, aktives Mitdenken und Experimentierfreudigkeit gefragt sind. Die Aktivitäten und Anregungen sind sowohl für sehr junge Kinder geeignet als auch für Kinder im Grundschulalter. Beobachtungen, Vermittlung von intuitivem physikalischem Wissen, naturwissenschaftliche Versuche oder die Herstellung eines Periskops – die Bandbreite der Vorschläge ist groß. Künstlerisch-kreative Gestaltungsmöglichkeiten, das Verarbeiten eigener Erfahrungen sowie Mythen und Sagen der Welt bieten vielfältige methodische wie inhaltliche Ansätze.

Einleitung

Einleitung

Dieses Buch wendet sich an alle im täglichen Erziehungsprozess Stehenden – Eltern, Erzieherinnen, Großeltern, Grundschullehrer – und an alle anderen, die mit Kindern schöpferisch arbeiten. Es zeigt sowohl dem aufmerksamen Laien als auch der speziell ausgebildeten Fachpädagogin anschauliche Beispiele, Methoden und Wege, um in das geheimnisvolle Reich der Spiegel und Spiegelungen einzudringen.

Unter dem übergreifenden Aspekt »Weltwissen« findet es seinen Platz in Spielkreisen, Teamsitzungen, Weiterbildungsveranstaltungen oder multikulturellen Projekten, also überall, wo Kreativität, aktives Mitdenken und Experimentierfreudigkeit gefragt sind. Die Aktivitäten und Anregungen sind sowohl für sehr junge Kinder geeignet als auch für Kinder im Grundschulalter. Beobachtungen, Vermittlung von intuitivem physikalischem Wissen, naturwissenschaftliche Versuche oder die Herstellung eines Periskops – die Bandbreite der Vorschläge ist groß. Künstlerisch-kreative Gestaltungsmöglichkeiten, das Verarbeiten eigener Erfahrungen sowie Mythen und Sagen der Welt bieten vielfältige methodische wie inhaltliche Ansätze.

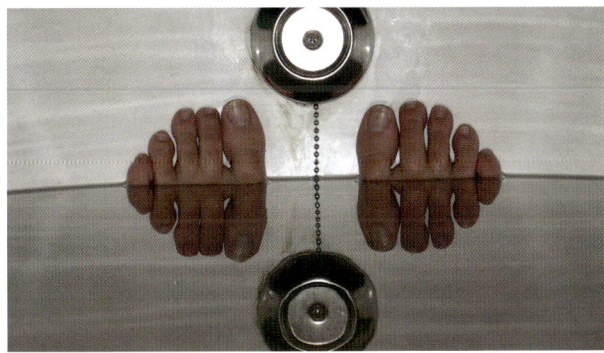

Weil das Buch von einfachen, alltäglichen Situationen ausgeht, bleibt es leicht verständlich. Zahlreiche Fotos lockern auf, denn ein treffendes Bild erklärt oft mehr als ein ausführlicher Begleittext.

Das Plakat ermöglicht einen anschaulichen Einstieg ins Thema, die Bilder haben Aufforderungscharakter und machen Lust auf eigene Kreativität – sei es im Morgenkreis, im Freispiel oder als Anregung für eine Projektwoche. Sie nehmen in leichter Weise die Angst vor ein wenig Physik, machen den spielerischen und fantasiereichen Ansatz des Buches deutlich und laden zum kreativen Schaffen ein.

Der pädagogische Ansatz

Kinder werden von der Spiegelkultur ihres Umfeldes beeinflusst, sie wachsen in eine bereits bestehende Spiegelkultur hinein. Erwachsene geben dem Kind ihre eigenen Erfahrungen mit Spiegeln unbewusst oder in speziellen Lernarrangements mit auf den Lebensweg.

Das Buch orientiert sich an kindlichen Bildungsprozessen, wie sie aktuell in der pädagogischen Diskussion dargestellt werden. Es verfolgt einen bipolaren Ansatz, der sich dynamisch zwischen den Selbstbildungsprozessen und den Bildungsprozessen durch kulturelle Einflüsse entwickelt (Schäfer, Fthenakis). Das »Weltwissen« zieht sich dabei wie ein roter Faden durch das Buch.

Der Aufbau folgt mit steigenden Anforderungen der kognitiven Entwicklung der Kinder, ohne sie zu überfordern. Die Erzieherin sollte sich zunächst über den jeweiligen Entwicklungsstand der Kinder ein Urteil bilden und keinesfalls leistungsorientiert ein Kapitel nach dem anderen abarbeiten. Alle Versuche und Beobachtungen können behutsam und beliebig oft wiederholt werden. Weil der kindliche Selbstbildungsprozess durch Eigentätigkeiten angeregt und gefördert wird, spielen das Wahrnehmen und der fantasievolle Umgang mit Alltagsgegenständen eine elementare Rolle.

Gerade Beobachtungen, die jeder leicht nachvollziehen kann, erzählen Geschichten, regen zur Imaginationen an, laden zum »Spinnen« ein.

Wir sind ständig umgeben von physikalischen Erscheinungen – und natürlich auch von Spiegelungen: im Haus, im Freien, auf der Straße, in der Stadt, in der Luft, unter und über Wasser. Hier wirkt Physik intuitiv und unbemerkt, lässt sich entdecken, wahrnehmen und beobachten. Man muss kein Physiklehrer sein, um die Gesetzmäßigkeiten von Spiegeln für Kinder anschaulich darstellen zu können.

Zur Methodik

Ausgehend von einfachen Beobachtungen sollten die Umsetzungen spielerisch, fantasievoll, mit Freude und Leichtigkeit erfolgen, zum Beispiel beim Erfinden von Geschichten, beim Träumen, Zuschauen, Nachmachen, Erzählen oder Zuhören. So lässt sich

die ganze Bandbreite des Spiegelthemas erfassen. Das Lernen mit Gefühlen, Imaginationen und Visionen kann auch im Reich der (leider oft zu trockenen) Schulphysik Erfolg bringen. Auch Fehler und Irrtümer führen zum Ziel.

Spätestens seit Einstein steht fest: Alles ist relativ! Mit dieser Erkenntnis geht aber auch eine Verunsicherung einher: Nichts ist so, wie es auf den ersten Blick erscheint. Die Erzieherin sollte also mit den Kindern ins Gespräch kommen, interessante und spannende Dialoge entwickeln und jedes »schulmeisterhafte« Verhalten vermeiden. Sie kann auch die Rolle der Kinder einnehmen, mit ihnen zusammen agieren. Dabei muss sie die kindlichen Gefühle vor Spiegeln beachten, etwaige Ängste ab- und freudige Neugier aufbauen, um den Kindern ein Gerüst zum fächerübergreifenden Lernen zu bieten (Scaffolding). Durch Sprachförderung, kreatives Gestalten, Theater- oder Werkstattsituationen werden Einblicke in kulturelle Zusammenhänge von Vergangenheit, Gegenwart, Zukunft gegeben.

Ein weltumspannendes Kulturerbe

»Woher wir kamen – wohin wir kommen (...) alles ist anders, alles ist gleich. Überall wird das Heu auf andere Weise geschichtet zum Trocknen unter der gleichen Sonne.« (Hilde Domin)

Eine Reise über die Kontinente und durch die Zeiten hilft uns, die Augen zu öffnen, Scheuklappen abzunehmen, Vorurteile abzubauen und überall Ähnliches aufzuspüren. In einer multikulturellen

Materialien und Räume

Materialien und Hilfsmittel sollten aus ökologischer Sicht und mit Bedacht ausgewählt werden, nach Möglichkeit auch wieder wiederverwertbar sein.

Beim Spiegelthema kann es dabei zu Konfliktsituationen kommen, da Alu-Folie, Spiegelfolien und viele glitzernde und glänzende Materialien nicht unbedingt nach diesen Gesichtspunkten hergestellt werden. Doch das schönste glänzende Material nützt nicht viel, wenn es gesundheitsschädlich ist, wir damit die Kinder vergiften und Allergien hervorgerufen werden.

Nach der neuen Chemikalienverordnung in der Europäischen Union ist seit 2007/8 jede Herstellerfirma verpflichtet, alle Inhaltsstoffe in einem Produkt anzugeben und die schädlichen Stoffe besonders herauszustellen. Zukünftig sind auch Stoffeigenschaften, Anwendungen und Schutzmaßnahmen exakt zu dokumentieren. Die Bezeichnung für diesen besonders geschützten Handel ist REACH, es wird zukünftig REACH-Hersteller, -Impoteure, -Händler und -Anwender geben. Bis dahin kann der verantwortungsvolle Verbraucher oder Pädagoge sich bei Stiftung Warentest informieren oder die von ÖKO-TEST empfohlenen Produkte kaufen.

Gerade Farben sollten stets nach Giften hinterfragt werden – Billigprodukte aus »Billigläden« sind meist sehr schädlich. Unter www.naturfarben.de bietet die Firma »Heidelberger Naturfarben« ökologisch und farblich einwandfreie Farbprodukte an, die selbst für Säuglinge und Kleinkinder geeignet sind.

Für ein Kinderatelier eigenen sich darüber hinaus Alltags- und Naturmaterialien. Zum Beispiel auch ein Vorrat an kleinen Kartons, Dosen oder Papprollen. Bei einem Besuch im Baumarkt entdeckt man überall Materialien, Oberflächen und Dinge, die glänzen und glitzern: Armaturen, Schrauben, Kugellagerkugeln oder Lampenschirme. Es gibt Spiegelfliesen in unterschiedlichen Größen, und die Badabteilung überrascht mit den tollsten Spiegelschrankmodellen. Auch andere Gegenstände mit spiegelnden Eigenschaften können über einen bestimmten Zeitraum von Eltern, Kindern, Erzieherinnen in einem großen Korb gesammelt werden.

Spiegel (und insbesondere Spiegelscherben) bergen natürlich eine Verletzungsgefahr. Das sollte uns nicht hindern, mit ihnen zu experimentieren und zu gestalten. Man muss nur vorsichtig sein und zur Sicherheit Verbandsmaterial und ein Kehrblech bereithalten. Manchmal lassen sich Glasspiegel durch ungefährliche Spiegelfolie ersetzten. Und auch beim Zerschneiden von CDs ist auf die Verletzungsgefahr zu achten!

Mit Fantasie und Sinn fürs Praktische finden sich überall ruhige Flure, Ecken oder Abstellräume, in die man Tische zum Experimentieren aufstellen kann. Das gemeinsame Suchen, Vorbereiten und Ausstatten der Räume ist wichtig und motivierend. Vielleicht muss auch die eine oder andere Raumsituation verändert werden. Und natürlich ist es gerade beim Arbeiten mit Spiegeln wichtig, den Lichteinfall zu beachten.

Gesellschaft lassen sich so viele Gemeinsamkeiten entdecken. Eine gesteigerte Wahrnehmungsfähigkeit ermöglicht es, sich offen und vorurteilsfrei in in dieser Gesellschaft zu orientieren, sich zu positionieren und einen eigenen Standpunkt zu entwickeln.

Spiegel gibt es überall auf der Erde. Sie sind ursprüngliche Naturphänomene. In der Erdgeschichte bildete sich im Laufe der Jahrmillionen Wasser mit all seinen vielfältigen Spiegelungen. Der Mensch entdeckte sie und machte sich diese Erscheinung zunutze.

Spiegel liefern ein fast naturgetreues Abbild der Wirklichkeit. Es ist den Dingen und Menschen sehr ähnlich, die sich darin spiegeln. So entsteht eine Wirklichkeit neben der Wirklichkeit. Diese Verdopplung oder auch Vervielfältigung einer sonst sicher erlebten Welt verunsichert, irritiert. Gelernte Wahrnehmung wird getäuscht und in Zweifel gestellt.

In vielen Kulturen ist der Gedanke verwurzelt, sich selbst im Verhalten der Mitmenschen zu spiegeln – eine naturgetreue Abbildung im Spiegel oder auf Bildern wird abgelehnt. Dieser innere Spiegel, den jeder Mensch von der Geburt an aufbaut, ist etwas

völlig anderes als sein Spiegelbild. Das Abbild im Spiegel kann sogar im krassen Gegensatz zum »inneren Spiegelbild« stehen.

Die Wahrnehmung des eigenen Spiegelbildes ist bei jedem Menschen stark von seiner jeweiligen Verfassung abhängig. Ein Teenager, der zufällig auf dem Schulhof aufgeschnappt hat, seine Nase sei zu lang oder zu dick, wird seine Nase wieder und wieder im Spiegel begutachten und oft tatsächlich zu dem Ergebnis kommen, sie sei unmöglich. Man sieht im Spiegel, was man erwartet oder was man sehen will. Diese subjektive Realität von Spiegelabbildungen sollte bedacht werden.

Der Spiegel ist ein zweideutiges Symbol. Einerseits gilt er als Zeichen der Eitelkeit, andererseits symbolisiert er Selbsterkenntnis, Klugheit und Wahrheit. In vielen Kulturen, so auch in der mitteleuropäischen Sagenwelt, gehören Spiegel und übersinnliche Erkenntnisse (wie Weis- oder Wahrsagungen) zusammen. Überlieferungen, in denen es um Spiegelbilder geht, reichen bis weit in die Vergangenheit der Menschheitsgeschichte zurück.

Im alten Ägypten waren die Worte »Spiegel« und »Leben« identisch.

Eine griechische Überlieferung ist der Mythos von Narkissos, dem schönen Jüngling, der die Liebe einer Nymphe ausschlug und sich zur Strafe in sein eigenes Spiegelbild verlieben musste. Stunden- und tagelang betrachtete er sein Bild im spiegelglatten Wasser. Als ein Blatt herabfiel und die kleinen Wellen sein Spiegelbild trübten, verzweifelte er und starb, weil er fürchtete, hässlich geworden zu sein. Nach seinem Tode verwandelte er sich in eine Narzisse.

Keltinnen wurden mit ihren Spiegeln begraben, da man glaubte, im Spiegel sei ihre Seele eingefangen.

Nach einem alten Brauch versucht man im Norden Vietnams, durch Spiegel an Gartentoren und Haustüren böse Geister und schädliche Kräfte abzulenken.

Im Buddhismus wird die Existenz des Menschen mit der Reflexion in einem Spiegel verglichen.

Der indische Hinduismus lehrt, dass die Urmutter einem Spiegel gleicht, der ins Unendliche geht.

Ein weltumspannendes Kulturerbe

In vielen Märchen und archaischen Bräuchen steht das sinnbildliche Durchschreiten einer Spiegelung für das Hinübergleiten in den Zustand der Imagination. Oft ist dabei der Spiegel das Tor zu einer Welt der Wunder, der Geister, des Unbekannten und Unheimlichen.
Im Mittelalter glaubten jüdische Gelehrte, Spiegel würden beim Hineinsehen die Kraft der Augen stärken. Darum stellten sie während des Schreibens einen Spiegel vor sich auf.

Auch in neueren Geschichten sind Spiegel oft das Tor zu einer fremden Welt, auch das »Phantom der Oper« erscheint seiner Geliebten im Spiegel.

Der Gelbe Kaiser

In China erzählt man folgende Legende: Einst … waren Spiegelwelt und Menschenwelt noch nicht getrennt. Damals waren Spiegelwesen und Menschenwesen nach Form und Farbe ganz verschieden voneinander, vermengten sich und lebten doch harmonisch zusammen. Zu jener Zeit konnte man auch durch die Spiegel hindurch kommen und gehen. Eines Nachts jedoch drangen die Spiegelwesen ohne Warnung in unsere Welt ein, und es brach ein Chaos herein … die Macht der Eindringlinge war sehr groß. Dank der magischen Fähigkeiten des Gelben Kaisers gelang es, sie zu besiegen und in ihre Spiegel zurückzutreiben. Um sie dort festzuhalten, zwang der Kaiser die chaotischen Wesen durch einen Zauber, Handlungen und Aussehen der Menschen mechanisch nachzuahmen. Des Kaisers Zauber war stark, aber er kann nicht ewig währen. Eines Tages wird der Zauber so schwach werden, dass sich in unserem Spiegel turbulente Gestalten zu regen beginnen. Zunächst wird der Unterschied zwischen den Spiegelbildern und uns unmerklich sein. Aber nach und nach werden die Gesten ganz allmählich abweichen, werden Farben und Formen sich wandeln. Und plötzlich wird die lange eingesperrte Welt des Chaos' in unsere eigene Welt hinüberdringen. (nach J. Briggs)

Das Hohlspiegelgleichnis

Meister Eckhart (ca. 1260-1327) war einer der bedeutendsten Theologen, Mystiker und Philosophen des christlichen Mittelalters. Sein Hohlspiegelgleichnis gilt als Sinnbild für den Weg zur inneren Umkehr. Dieses Gleichnis lässt sich mit einem einfachen Rasierspiegel nachvollziehen:

Ist der Spiegel ein Stück entfernt, steht alles auf dem Kopf. Gleichnishaft mag das bedeuten, dass die eigene Weltsicht verkehrt ist.

Wenn man sich dem Spiegel nährt, werden Dinge deutlicher und größer, aber sie stehen immer noch auf dem Kopf: Der Blick wird geschärft, man ist auf dem richtigen Weg, doch die Anschauung der Welt ist immer noch verkehrt.

Nun bewegt man sich millimeterweise auf den Spiegel zu. Die Dinge werden schärfer, genauer und größer als die Wirklichkeit. Die Lösung rückt näher.

Plötzlich verzerrt das Bild sich und verschwimmt, alles löst sich auf und fließt ineinander. Geht man weiter durch diese wogende Ursuppe sieht man sich plötzlich wirklichkeitsgetreu und riesig groß. Alles ist viel klarer und deutlicher als je zuvor: Wer durch den Spiegel gegangen ist, hat die richtige Weltsicht.

Mit dem Durchschreiten eines Spiegels betritt man das Reich der Fantasie, wechselt vom wachen Zustand ins Reich der Träume.

Bei vielen Urvölkern identifiziert sich das einzelne Mitglied vorrangig durch sein Verhalten in der Gruppe, es spiegelt sich in ihr so sehr, dass es nicht zu einer eindeutigen Identitätsbildung kommt: Man ist mehr eins mit der Gruppe als ein individuelles Einzelwesen, strebt nach dem Aufgehen in einem allumfassenden Weltgeist.

Auch in den indianischen Mythen Amerikas taucht das Durchschreiten eines Spiegels als Hinübergleiten in den Zustand der Imagination auf. Andererseits haben viele indianische Sprachen kein Wort für »ich selbst«. Hier spielt ein anderes inneres Spiegelphänomen eine Rolle: das Selbstbild eines Menschen ist in diesem Zusammenhang die Gruppe, ein Stamm oder ein Volk.

Spiegelungsphänomene treten auf dieser Ebene in Familien, Arbeitsgruppen oder Teams auf. Die Spiegelung des eigenen Verhaltens durch andere hilft dem Einzelnen, sein Selbstbild zu entwickeln.

Überall Spiegel!

Spiegelwörter

Taschenspiegel · Handspiegel · Panoramaspiegel
Parabolspiegel · Rückspiegel · Garderobenspiegel
Toilettenspiegel · Vergrößerungsspiegel · Hohlspiegel
Verkleinerungsspiegel · Umlenkspiegel · Zerrspiegel
Konvexspiegel · Konkavspiegel · Seitenspiegel
Frisierspiegel · Überwachungsspiegel · Zierspiegel
Kosmetikspiegel · Zauberspiegel · Eulenspiegel
Badezimmerspiegel · Rasierspiegel · Seitenspiegel
Verkehrsspiegel · Tripelspiegel · Lachsspiegel
Wölbspiegel · Nachtspiegel

Spiegeltäuschung · Spiegelstadium · Spiegeltür
Spiegelinstallation · Spiegelobjekt · Spiegelschrank
Spiegelkommode · Spiegelkachel · Spiegelglas
Spiegelreflektor · Spiegelbild · spiegelglatt
spiegelverkehrt · spiegelbildlich · Spiegelisolation
Spiegelschrift · Spiegelei · Spiegelherstellung
Spiegelkugel · Spiegelung · Spiegelkabinett
Spiegelreflexkamera · Spiegelschmuck · verspiegelt
Spiegelpailletten · Spiegelgeschichten · spiegeln
entspiegeln · spiegelblank · sich spiegeln

Spiegelformen

rund · oval · eckig · rechteckig · quadratisch
länglich · klein · hoch · kugelig · gebogen

Eigenschaften von Spiegeln

glatt · matt · gewellt · hohl · uneben · geschliffen
trüb · reflektierend · isolierend · blind · blank

Spiegelweisheiten

Ein zerbrochener Spiegel bedeutet sieben Jahre Pech.
  Zu oft in den Spiegel zu schauen bringt Unglück.
  Manchmal werden »falsche Tatsachen vorgespiegelt!«

Augen sind Spiegel der Seele – diese Weisheit macht sich auch die Werbung zunutze: Urlaubsziele spiegeln sich in den Augen, so wird suggeriert, diese Orte seien das Traumziel der Seele. Nun muss also nur noch die Reise gebucht werden, um tatsächlich ans Ziel der Wünsche zu gelangen.

Spiegelbeispiele

Der Begriff »Spiegel« wird immer dann im übertragenen Sinn verwendet, wenn es sich um Gleichnisse oder ähnliche Phänomene handelt – zugleich findet er sich in kulturellen, medizinischen, psychologischen oder auch biologischen Bereichen wieder.

Aus den Anfängen der Fotografie stammen viele spiegelnahe Posen und Haltungen.

In den 50er Jahren des vorigen Jahrhunderts spiegelten sich die Stars und Sternchen in den Augen der Pressefotografen.

Schon die junge Generation jener Zeit las mit Faszination Vor-Spiegelungen von Idolen und Lebenshaltungen in der Regenbogenpresse.

Die Spiegelpantomime war ein beliebter Komödiengag: Ein Eindringling wird vom Hausherren überrascht. Um nicht erkannt zu werden, ahmt er alle Bewegungen des Hausherren täuschend echt nach. Charakteristisch ist dabei das Vertauschen von rechts und links: die rechte Hand des einen ist die linke Hand seines Gegenübers.

Aus dieser Konstellation lässt sich ein Spiel entwickeln, das an die Lust zur Improvisation appelliert, und bestens geeignet ist, einen verregneten Nachmittag aufzuheitern. Ein Kinderlied greift diese Idee auf und lädt zum Bewegungstheater ein.

Zwillinge oder Doppelgänger sind einander oft zum Verwechseln ähnlich, so ähnlich wie Spiegelbilder. »Das doppelte Lottchen« von Erich Kästner ist wohl eines der schönsten Kinderbücher, das sich damit beschäftigt.

Sogar die Zukunft des Spiegels hat schon stattgefunden: Mit dem Fotohandy erhält man in Sekundenschnelle ein Selbstporträt, das den schnellen, prüfenden Blick in einen Taschenspiegel ersetzt.

Überall Spiegel!

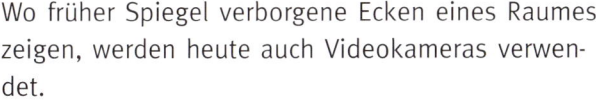

Wo früher Spiegel verborgene Ecken eines Raumes zeigen, werden heute auch Videokameras verwendet.

»Wochenspiegel«, »Pressespiegel«, »im Spiegel der Zeit« sind die symbolträchtigen Namen von Sendungen oder Zeitschriften, die den raschen Wechsel und schnelle Entwicklungen dokumentieren.

Im übertragenen Sinn können Spiegel auch gesellschaftliche Zustände reflektieren – ein künstlerisches Mittel zur Bewusstseinsbildung.

Man Ray (1880-1970), ein Künstler des Surrealismus, schuf ein Fotokunstwerk, das auf sehr feinsinnige Art die Doppelbödigkeit unserer Welt spiegelt.

Das Werk »Hot-Dog« des amerikanischen Pop-Art-Künstlers Roy Lichtenstein (1923-1997) zeigt in einem Spiegel seinen kritischen Blick auf die Esskultur seiner Zeit.

Für Sister Mary Cortia Kent (1918-1986), eine katholische Nonne, waren Religion und Politik, hohe und angewandte Kunst nicht zu trennen. In ihren Siebdrucken fügte sie Bilder und Texte, abstrakte Muster und kräftige Farben zu sozialkritischen, oft humorvollen Kompositionen zusammen. Ab den 1960er Jahren befasste sie sich ausschließlich mit Kunst und kritischen Kunstaktionen, organisierte Demonstrationen und Happenings gegen den Vietnamkrieg – bis sie schließlich aus dem Orden austrat.

Spiegel in Sagen und Märchen

Jemandem den Spiegel vorhalten: Till Eulenspiegel
Till Eulenspiegel war ein Schalksnarr und Gaukler. Die älteste Fassung des »Straßburger Eulenspiegel-

Überall Spiegel!

buches« stammt aus dem Jahr 1510, es wurde in über 280 Sprachen übersetzt. Eine Abbildung von 1515 zeigt ihn mit einer Eule und einem Spiegel in der Hand.

Ursprünglich setzte der Name Eulenspiegel sich aus den mittelniederdeutschen Worten ulen (wischen) und spegel (Spiegel, Hintern) zusammen. In der Jägersprache nennt man noch heute den buschigen Schwanz des Hasen und die helle Fellfärbung am Hinterteil des Rotwildes Spiegel.

Der Ausruf »Ul'n spegel!« bedeutete also ursprünglich: »Wisch mir den Hintern!«, was im übertragenen Sinn heißt: Das geht mich nichts an, da mach' ich mir nichts draus, tut doch was ihr wollt, es ist mir nichts wert.

Ähnliche Figuren des Spaßmachers gibt es in vielen Ländern: im Jüdischen lacht man über die Possen von Hersch Ostropoler, im Türkischen über die Streiche von Hodscha Nasreddin. Und das französische Wort »espiegle« (schalkhaft oder schelmisch) leitet sich direkt aus dem deutschen Wort Eulenspiegel ab.

Eulenspiegels Streiche ergeben sich meist daraus, dass er eine bildliche Redewendung wörtlich nimmt, sie sozusagen eins zu eins »spiegelt« und auf diese Weise ad absurdum führt. So stellt er menschliche Unzulänglichkeiten bloß, insbesondere die der Oberschicht. Eulenspiegelpossen oder Eulenspiegeleien treiben steht also für Schabernack bzw. Unsinn, vor allem, wenn man einen Auftrag allzu wörtlich nimmt.

Spielvorschlag:
Es gibt viele Redensarten, die, wörtlich genommen, keinen Sinn (mehr) ergeben. Wer an der Reihe ist, erhält einen selbst gefertigten Eulenspiegel, einen kleinen Spiegel, auf den eine Eule gemalt ist.

Beispiele für Redewendungen:
- jemandem einem Bären aufbinden
- die Beine in die Hand nehmen
- den Nagel auf den Kopf treffen
- sich den Pelz kraulen
- jemandem den Marsch blasen
- etwas ins rechte Licht rücken
- jemanden im Regen stehen lassen
- jemandem den Hof machen
- jemandem keine Schnitte abgeben
- jemandem das Fell über die Ohren ziehen
- sich aus dem Staub machen
- die erste Geige spielen
- jemandem das letzte Hemd ausziehen
- jemandem heimleuchten
- jemandem das Wasser reichen können
- ein Hühnchen mit jemandem zu rupfen haben
- mit jemandem noch ein Süppchen zu kochen haben

Sprechende Spiegel: Schneewittchen
In diesem Märchen ist der Spiegel kein toter Gegenstand: Schneewittchens böse Stiefmutter spricht mit ihm. Der Spiegel schaut allwissend in die Zukunft, sagt die Wahrheit, kennt die Welt, denkt nach, weiß viel und antwortet der Stiefmutter. Auf ihre Frage »Spieglein, Spieglein an der Wand, wer ist die Schönste im ganzen Land?« erwidert er diplomatisch: »Frau Königin, Ihr seid die Schönste hier, aber Schneewittchen ist tausend Mal schöner als Ihr.« Später verrät er Schneewittchens Versteck: »... Ihr seid die Schönste hier, aber Schneewittchen hinter den sieben Bergen, bei den sieben Zwergen ist tausendmal schöner als Ihr.« Auch als Schneewittchen wieder zum Leben erwacht, erfährt die böse Königin dies durch ihren sprechenden Zauberspiegel.

Wie viele Märchen der Gebrüder Grimm hat auch dieses vermutlich einen geschichtlichen Hintergrund. So gilt die Stadt Lohr im Spessart als mögliche Heimat Schneewittchens. Im dortigen Schloss lebte tatsächlich einst ein verwitweter Graf mit seiner

Tochter. Lohr galt im 17. und 18. Jahrhundert als Zentrum der Glasmanufaktur, hier wurden auch Spiegel hergestellt. Einige besonders wertvolle Exemplare sind heute im Spessart-Museum zu besichtigen, darunter auch ein Schneewittchen-Spiegel, den eine prunkvolle Inschrift ziert.

Spielvorschlag:
Das Frage- und Antwortspiel wird paarweise gespielt – mit einem wünschenden und einem antwortenden Spieler. Zunächst werden Spiegelkacheln mit dekorativen Mustern bemalt und der Anfang einer Frage wird hineingeschrieben: Spieglein, Spieglein an der Wand, sag' mir doch…
Dann wird die Frage vervollständigt:
- … wer hat die schönsten Haare?
- … wer hat die längsten Beine?
- … wer kann am besten singen?
- … wer kann am lautesten schreien?
- … wer kann am besten schimpfen?

Der zweite Mitspieler denkt sich eine Lösung aus und schreibt diese auf eine vorbereitete Kachel.
Später werden die Kacheln zu einer großen Spiegelwand zusammengestellt.

Die Welt hinter den Welten:
Alice hinter den Spiegeln
Der englische Schriftsteller Lewis Carroll (1832-1898) schrieb zwei Geschichten, in denen ein kleines Mädchen in einer fantasievollen, verzauberten Welt unglaubliche Abenteuer erlebt. In dem Buch »Alice hinter den Spiegeln« (auch: »Alice im Spiegelland«) tritt das Mädchen durch einen Spiegel in eine Welt hinter der echten Welt, in der es seltsamen Wesen begegnet, absurde Erlebnisse hat und skurile Entdeckungen macht.

Alice unterhält sich mit ihrer Katze und versucht, ihr das Schachspielen beizubringen. Das Kätzchen will nicht mitspielen und Alice ärgert sich darüber.

Überall Spiegel!

»Sie hob es zur Strafe zum Spiegel über dem Kamin hinauf, damit es einmal sehen konnte, wie mürrisch es dreinschaute: › – und wenn du dich nicht auf der Stelle besserst‹, sagte sie dazu,

›dann stecke ich dich in das Haus hinterm Spiegel.‹«

Und so stellt Alice sich dieses Haus vor: »Zuerst einmal kommt das Zimmer, das du hinter dem Glas siehst – das ist genau wie unser Wohnzimmer, nur ist es verkehrt herum. Wenn ich auf einen Stuhl steige, kann ich alles genau erkennen, bis auf das Stück hinter dem Kamin. Ach, wenn ich da doch auch hineinsehen könnte! Ich wüsste zu gerne, ob sie dort im Winter auch ein Feuer brennen haben; genau weiß man das nämlich nie – höchstens, wenn unser Kaminfeuer qualmt, dann qualmt es in dem anderen Zimmer auch; aber vielleicht tun sie dort nur so, damit es wie ein Feuer aussehen soll. Nun ja, die Bücher sind auch ungefähr wie die unseren, nur laufen die Wörter alle nach der falschen Seite, soviel weiß ich, denn ich habe einmal ein Buch vor den Spiegel gehalten, und dann halten sie einem von drüben aus dem Zimmer genauso eins entgegen… – aber jetzt, Mieze, kommen wir zum Korridor! Davon kann man nur einen winzigen Blick erhaschen, wenn man bei uns die Wohnzimmertür weit aufmacht; der Korridor ist dann unserem sehr ähnlich, soviel man davon sehen kann, aber dahinter könnte er natürlich ganz anders sein.

Ach, Mieze! Wie schön das wäre, wenn wir in das Spiegelhaus hinüber könnten! Sicherlich gibt es dort, ach! so herrliche Dinge zu sehen!

Tun wir doch so, als ob aus dem Glas ein weicher Schleier geworden wäre, dass man hindurchsteigen könnte. Aber es wird ja tatsächlich zu einer Art Nebel! Da kann man ja mit Leichtigkeit durch –, und während sie das sagte, war sie schon auf dem Kaminsims, sie wusste selbst nicht wie und wirklich schmolz das Glas dahin, ganz wie ein heller, silbriger Nebel…«

EINSTIEG IN EINE ANDERE WELT

Entwicklungspsychologie:
Vom Neugeborenen zum Schulkind

Spiegelbilder gehören bei uns schon in frühester Kindheit zum Entdeckungs- und Erfahrungsfeld. In der Psychologie spricht man von Spiegelungen, wenn es um Reflexionen über das Selbst, das eigene Verhalten, die Gefühle, das Aussehen geht. Die Fragen »Wie wirke ich?« und »Wie bin ich?« spiegeln das Verhalten im Denken wieder. Viele Entwicklungspsychologen sehen in Spiegelungen eine wichtige Voraussetzung für die Entwicklung des Kindes. Donald Winnicott (1898-1971) sah das Gesicht der Mutter als erste Spiegelung des Säuglings. Heinz Kohut (1913-1981) nannte den »Glanz im Auge der Mutter« als notwendige Entwicklungsbedingung.

Seit Kurzem weiß man, dass der Mensch so genannte Spiegelneuronen (bzw. Spiegelzellen) besitzt, mit denen er sich durch bloßes Zuschauen in seinen Gegenüber hineinversetzen kann. Streckt man beispielsweise einem Neugeborenen die Zunge heraus, »antwortet« es auf die gleiche Weise, ohne zu wissen, was es tut.

Eine Lichtspiegelung kann bei Säuglingen, die auf die Reize ihrer Umgebung reagieren, einen starken Impuls auslösen. Das helle Licht wird von den sich gerade entwickelnden Augen fixiert, es zieht das Neugeborene in seinen Bann. In dieser Phase ist ein aus einem Kleiderbügel hergestelltes Mobile, an dem auch ein kleiner Spiegel hängt, sehr anregend. Die Einzelteile müssen aber gut befestigt sein, da Babys starke Greifreflexe haben und an interessanten Gegenständen zerren.

Anfänglich glauben Kinder, die Bilder im Spiegel seien real. Legt man einen Säugling mit seinem Spielzeug vor einen großen Spiegel, so versucht er nach einiger Zeit des Nachdenkens, das Spielzeug im Spiegelbild zu berühren. Gerade hat der Säugling gelernt, dass Objekte immer etwas Konstantes sind, sich nicht verändern – nicht einmal, wenn er geschlafen hat. Beim Griff in den Spiegel erfährt er aber jetzt etwas ganz anderes. Das Spielzeug ist plötzlich kalt, glatt und ohne Geruch. Vorher hatte die kleine Ente ein weiches flauschiges Fell, sie war warm und roch nach dem eigenen Speichel. Jetzt ist alles völlig anders. Dieser neue Zustand des vertrauten Spielzeuges beunruhigt und verunsichert das Kleinkind. Es wendet sich verstört ab, zieht die Mundwinkel nach unten und fängt an zu weinen. Behutsam sollte das Kind jetzt vom Spiegel weggenommen und erst nach einiger Zeit wieder einfühlsam mit bunten Gegenständen zum Agieren vor dem Spiegel aufgefordert werden.

Normalerweise vollzieht sich diese Entwicklung kontinuierlicher. Allmählich und nach vielen Spiegelbegegnungen lächelt das Kind seinem Spiegelbild zu, betastet es, reibt und kratzt daran herum, will es in den Mund stecken, um mit Innbrunst daran zu lutschen. Kinder erfahren Ihre Umwelt in dieser Phase mit dem Mund, ihrem wichtigsten Werkzeug und Sinnesorgan.

Die kleine Michaela hält einen stabilen Holzspiegel in den Händchen. Sie ist gerade dabei, ihn zu untersuchen und zu erforschen. Lustvoll hantiert sie mit dem ungefährlichen dicken Spiegel herum und macht ihre Beobachtungen so intensiv, dass ihr der Speichel aus dem halb geöffneten Mund fließt. Bald hält sie inne und schaut, als ob sie fragen wolle: Stimmt das auch alles, was ich da sehe? In einem Lächeln erhält sie eine Antwort, und zufrieden steckt sie den Rand des Spiegels wieder in den Mund.

Ein wenig später entdecken die Kinder ihr Gesicht mit Mund, Nase und Augen im Spiegelbild. Sie schlagen und klopfen auf den Spiegel ein, um festzustellen, ob das Bild verschwindet. Sobald sie aber erkennen, dass sie selbst in der Spiegelung zu sehen sind, spielen sie Verstecken und Wieder-Auftauchen. Der Tom feiert seinen zweiten Geburtstag. Beim Abendessen ist es schon dunkel, und die ganze Geburtstagsgesellschaft spiegelt sich in der großen Tür.

Swjato

Der russische Dokumentarfilmer Victor Kossakovsky hat Spiegel in der Entwicklung eines Kleinkindes zum Thema seines Filmes »Swjato« gemacht. Ein zweijähriges Kind erlebt sich zum ersten Mal im Spiegel. Es hat bisher weder einen Spiegel gesehen noch die Erfahrung der Widerspiegelung gemacht. Diese Situation ist nicht natürlich – Kleinkinder begegnen im täglichen Leben vielen Spiegeln. Viktor hat dafür eine Erklärung: »Während meines Filmstudiums in Moskau von 1986 bis 1989 wohnte ich in einem Studentenwohnheim, einem sonderbaren Haus ohne einen einzigen Spiegel. Mein ältester Sohn wurde dort geboren, und als mir auffiel, dass er in seinen zwei Lebensjahren niemals sein Spiegelbild gesehen hatte, wollte ich seine erste Reaktion bei diesem Anblick filmen.«

Mangels Filmmaterials konnte Kossakovsky jedoch nur zwei Minuten drehen. Mit seinem zweiten Sohn Swjato gelang das Experiment besser. Für die Beobachtungen wurde ein besonderes Zimmer eingerichtet, in dem ein großer Spiegel fest an der Wand installiert war.

Am Anfang des Dokumentarfilms geht es um Selbsterkenntnis: Swjato reagiert auf das Spiegelbild, er will es mit allen Sinnen begreifen, mit dem Gegenüber spielen, reden, agieren – jedoch es geling nicht. Swjato kehrt zur Mutter zurück, läuft aus dem Raum. Doch immer wieder treibt ihn die Neugier zurück. Er traut sich mehr zu, schlägt auf den Spiegel ein, schreit, weint und läuft weg. Dann macht er Grimassen, Pantomimen, spielt mit dem Spiegelbild. Deutlich sieht man im Film, wie sein kleiner Kopf arbeitet. Zuletzt steht er ruhig da und lauscht in sich hinein, ehe er leicht und fröhlich aus dem Zimmer tänzelt.

Swjato hat verschiedene Phasen des Denkens und Agierens in einem kurzen Zeitraum durchlaufen, er hat vieles begreifen müssen, was andere Kinder über mehrere Jahre und Monate erfassen.

Die liebevolle Hinwendung der Mutter hat ihm dabei über viele extreme Situationen und Gefühle hinweggeholfen.

Ging es am Anfang des Films um Selbsterkenntnis, so geht es am Ende auch um Einsamkeit. Ein Kind kann sehr wohl wissen, dass es von seinen Eltern geliebt wird, aber auf andere Fragen muss es die Antworten selbst finden. Vor der Frage »Wer bin ich?« steht es – wie Swjato – ganz allein.

(nach Arte Programmzeitschrift vom 23. September 2006)

Plötzlich hält Tom inne, zeigt mit der Gabel auf die Tür und ruft: »Da Mama, da! Und da!« Er weist auf das Spiegelbild in der Glastür und auf seine reale Mutter. Doch die Erwachsenen sehen seine Denkleistung nicht und verbessern ihn: »Nein Tom, die Mama ist doch da!« So hat er kein Lob erfahren – seine Beobachtungen und sein aufmerksames Wahrnehmen sind unerkannt geblieben. Enttäuscht isst er weiter.

Der vierjährige Robin besitzt bereits ein inneres Bild von sich. In vielen Situationen hat er sich selbst und sein Verhalten beobachtet und erforscht: die Wirkung eines Lächelns oder eines Wutanfalls, das Zeigen und Einsetzen körperlicher Kräfte und vieles, vieles mehr. Die Kinder sind in dieser Phase zum ersten Mal im Prozess des Selbsterkennens und Selbsterforschens. Ihr Verhalten wird von ihnen selbst reflektiert und wahrgenommen. Selbstfindung und Selbsterprobung sind die Hauptthemen in dieser Zeit.

Jacques Lacan (1901-1981) nannte diese Entwicklungsphase deshalb auch die Spiegelphase. Robin hat ein Ritterkostüm mit Schwert geschenkt bekommen und tobt mit seinen Freunden wild durch die Wohnung. Er hat sich selbst noch nicht mit der Verkleidung gesehen und weiß nicht, wie er jetzt aussieht. Die Kinder rennen durch die Räume und durchqueren dabei immer wieder einen Flur, in dem ein großer Spiegel hängt. Plötzlich bemerkt Robin sein verändertes Aussehen. Das Bild im Spiegel entspricht so gar nicht der Vorstellung, die Robin von sich hat. Er stutzt und schlägt mit dem Schwert auf das Spiegelbild ein, so, als wolle er mit seinem neuen Zwillingsbruder kämpfen. Unbewusst erwartet er eine Reaktion des unbekannten Ritters – bis ihm klar wird, dass er selbst dieser Ritter ist.

Spiegel sind in dieser Phase der kindlichen Entwicklung ebenso notwendig wie beliebt. Sie helfen den Kindern, sich selbst spielerisch in Eigenaktivität zu entdecken. Große Spiegel verdoppeln die Personenzahl, sie geben kaum Anlass zum ruhigen Selbst-Entdecken. Darum sollten kleinere Spiegel mit Spiegelfolie und Gummirand in einer ruhigen, mit Matten ausgelegten, gemütlichen Ecke ohne direkten Lichteinfall aufgehängt werden. Besser noch sind eigene Ideen! Ein eckiger Karton wird glatt mit Spiegelfolie bezogen. Kanten und Ansätze zusätzlich umkleben – das schützt einigermaßen vor neugierigen Kindern, die gerne die Folie abknibbeln möchten, um zu schauen, was sich dahinter verbirgt.

Im Kindergartenalter haben sich die Kinder an die Existenz von Spiegeln gewöhnt. Jetzt ist die Zeit für Spiegelspiele, kreatives Gestalten mit Spiegeln und kleine Experimente. In eine Spiegelfläche, auf der Sand ausgestreuten wurde, kann man mit den Fingern hineinzeichnen. Einfache Gestaltungsaufgaben mit alltäglichen Materialien lassen die Kreativität aufblühen und leiten das erste Ordnen, Sortieren und Klassifizieren ein. Kleine Kinder mögen noch das Matschen mit Kleisterfarben oder Kleistersand auf Spiegeln, sie entdecken immer neue Möglichkeiten zur ganzheitlichen haptischen Wahrnehmung.

Im Märchenalter lassen sich Kindergartenkinder gerne von Spiegeln »verhexen« und »verzaubern«. Spiegel sind Partner, Verräter oder Alleswisser. Sie sagen die Zukunft voraus, warnen vor falscher Eitelkeit und vor Gefahren, geben Ratschläge. Spiegel können als Gesprächspartner auftreten und die Geschicke lenken. Nichts bleibt ihnen verborgen – sie kennen die tiefsten Geheimnisse der Seele, ihre Wünsche, Hoffnungen und Träume. Als Accessoires von Königinnen und Prinzessinnen finden sich Spiegel in jeder Puppenecke: reich verziert, rosa oder hellblau, zart orange oder hellgrün. Es ist die Phase des Rollenspiels mit Verkleidungen und Schminken. Königinnen und Prinzessinnen (aber auch Könige und Prinzen!) sind bereit für Abenteuer im Land der Sagen und Märchen. Die Fantasie regiert, alles kann verzaubert sein oder sich verwandeln. Fremde Reiche betreten, die Grenze zwischen Realität und Fantasie verwischen – das sind die Themen in dieser Entwicklungsphase des Kindes.

Angehende Schulkinder erwarten abstrakte Denkvorgänge. Jetzt sind Experimente und kompliziertere

Aufgaben gefragt. Spiegelphysik wird interessant, die Vorschulkinder möchten wie die Großen etwas Sinnvolles leisten und auch entsprechend behandelt werden. Erik H. Erikson (1902-1994), der das Stufenmodell der psychosozialen Entwicklung entwarf, nennt dies die Phase des Werksinns: Die Kinder haben die Ausdauer und die soziale Bereitschaft, ein Werk im Sinne der Erwachsenenwelt fertig zu stellen. Das Grundthema dieser Zeit ließe sich mit »ich bin, was ich lerne und kann« beschreiben. Der Schweizer Entwicklungspsychologe Jean Piaget (1896-1980) setzt hier den Beginn des abstrakten Denkens, eines Denkens also, das nicht an konkrete Inhalte gebunden ist. Die Kinder lernen zu schreiben, mit Zahlen umzugehen, Gegenständen wie Erwachsene zu nutzen, sie entwickeln handwerkliche Fähigkeiten, konstruieren und zeichnen. Sie lernen, Gefahren einzuschätzen, sind fähig, einfache Probleme zu lösen und Hypothesen durch Versuche zu beweisen. Mit Stolz präsentieren sie den anderen ihr Werk.

In der Phase der Vorpubertät ist der Spiegel aus ganz anderen Gründen interessant: Er dient der Eitelkeit, dem Schmücken, Schminken und dem Sichherausputzen. Kaum ein Jugendlicher verlässt das Haus, ohne vorher noch einmal prüfend hinein-

Exkurs ins Tierreich

Hunde und Katzen reagieren freundlich, ängstlich oder wütend auf ihr Gegenüber im Spiegel. Hält man ihnen den Spiegel weiterhin vor die Nase, versuchen sie, dahinter zu schauen oder schubsen den Spiegel weg. Doch gerade Hunde verlieren als Nasentiere bald das Interesse an Spiegeln. Sie schnüffeln kurz, können aber keinen interessanten Geruch entdecken und wenden sich ab.

Wellensittiche erkennen im Spiegelbild einen Artgenossen, mit dem sie spielen möchten, doch das Spiegelbild reagiert nicht wunschgemäß. Das macht die Vögel unruhig, sie echauffieren sich und schlagen mit dem Schnabel auf das Spiegelbild ein oder sie versuchen, ihr Spiegelbild zu füttern und balzen es an. Aufgrund dieses Verhaltens sind Spiegel für Wellensittiche verboten. Andere Vögel und auch Fische und arrangieren sich mit dem Spiegelbild und gewöhnen sich daran.

Doch nur ganz wenige Tiere – zum Beispiel Elefanten, Rabenvögel, Delfine und Gorillas – können sich selbst im Spiegelbild erkennen.

Es gibt Vögel, die auf glitzernde und glänzende Materialien besonders reagieren, nämlich die diebischen Elstern. Lässt man ein Fenster auf, so stibitzen sie silberne Löffel oder glänzende Dinge aus dem Haushalt. Eine Nachbarin erzählte, dass eine Elster ihr goldenes Tischglöckchen gestohlen habe und mit dem klingenden Glöckchen von Ast zu Ast durch den Garten fliege. Spatzen hingegen hassen alles Schillernde, Spiegelnde und Glänzende, Metalle und Spiegel. Der Bauer nutzt diese Abneigung und hängt diese Materialien an seine Vogelscheuchen. In vielen Gärten werden Frühbeete mit glitzernden Ketten behängt, um die Singvögel von der Saat fernzuhalten.

Ein anderer tierischer Aspekt der Spiegelforschung ist ganz neu: In »Welt der Physik« erschien am 18.5.2007 ein Artikel mit der Überschrift: »Käfer liefert Vorbild für Mikro-Spiegel«. Denn der südamerikanische »Plusiotis boucardi« verfügt über einen Panzer, der sowohl die Wellenlängen als auch die Polarisationen von Lichtwellen kontrollieren kann. Ausgehend von den Substanzen im Panzer des Insektes hoffen die Forscher, ähnliche optisch aktive Mikrostrukturen im Labor nachbauen zu können. Diese könnten in winzige Objekten wie Lichtsensoren oder in mikroelektromechanische Systeme (MEMS) integriert werden.

geschaut zu haben. Der morgendliche Aufenthalt im Bad dauert immer länger, jedes Schaufenster ist als Spiegel willkommen, ebenso wie die Fenster in Bus oder Bahn: Ein schneller Kontrollblick beruhigt diese aufgeregten und von ihren eigenen Spiegelbildern besessenen Jungen und Mädchen. Wie Narkissos im Altertum sind sie zuerst in das eigene schöne Abbild verliebt, ehe sie sich einem Freund zuwenden – dann muss aber auch jede Locke und jede Wimper »sitzen«. Mit Selbstportraits vorm Spiegel sind aber auch Jugendliche für das kreative Gestalten zu begeistern. Kleine Handspiegel oder Spiegel in Puderdosen sind die Lösung für erste Unternehmungen in Sachen Verliebtsein – und für kreative Ideen.

Spiegelexpeditionen:
Wahrnehmen
Betrachten
Spielen
Experimentieren

Der Spiegel dient zunächst der Wahrnehmung der eigenen Person, doch sehr schnell entdeckt das Kind auch andere Möglichkeiten. Der Umgang mit Spiegeln fördert seine geistigen Fähigkeiten, und auch intuitives Wissen über naturwissenschaftliche Zusammenhänge wird schon beim Kleinkind angelegt. Stufenweise erweitert sich das Wahrnehmen durch Sammeln, Ordnen und Vergleichen, aber auch durch Forschen, Erfinden und schöpferisches Gestalten.

Das Lernen findet zunächst durch Reiz-Reaktionsverhalten statt, später, beim Experimentieren, durch Versuch und Irrtum. Beim klassifizierenden Lernen schließlich erwirbt das Kind die Fähigkeit, in abstrakten Kategorien zu denken, zu planen und Versuche zu strukturieren. Er lernt zuzuordnen und im kreativen Lösungsprozessen Neues zu schaffen.

Naturwissenschaftler sagen: Experimente sind Fragen an die Natur. Wir werden also Fragen stellen – und im Experiment beantworten. Zum Beispiel:
• Wie entsteht ein Spiegelbild?
• Warum glitzern Wassertropfen?
• Was ist ein Periskop?
• Wie kann man Spiegel selbst herstellen?

Bei der Betrachtung von Salvatore Dalis Bild »Spiegeleier auf dem Teller ohne Teller« (1932) fragt man sich unwillkürlich: Kann man Spiegeleier verdoppeln? Auf dem Kopf stehen lassen? Zum Schweben bringen? Verschwinden lassen?

Bei dem Bild von Rene Magritte sieht man sofort, das etwas nicht stimmt. Aber was? Und warum? Das Bild hießt: »La Reproduction Interdite« (Das verbotene Abbild).

Entwicklungspsychologisch ist das Wahrnehmen der Beginn allen Denkens und Lernens. Die Sinne übermitteln uns als Fühler zur Außenwelt in jedem Alter und in allen Lebensphasen Informationen von der uns umgebenden Welt. Ein Sinnesreiz wie zum Beispiel das Hören einer Vogelstimme oder das Fühlen von Gras oder Erde kann aber noch nicht als das eigentliche, das bewusste Wahrnehmen bezeichnet werden. Erst die Verarbeitung im Gehirn macht das eigentliche Wahrnehmen aus.
Ein spitzer, harter Grashalm piekt und sticht auf der

Haut – dieser Sinnesreiz ist auch direkt mit Gefühlen und inneren Haltungen gegenüber den Eigenschaften des Halmes verbunden. Um den unangenehmen Kontakt vermeiden, entwickelt man durch Überlegung ein Handlungsmuster. Aus dem Sinnesreiz wird über das bewusste Verarbeiten von Reizen ein inneres Bild vom spitzen Gras entwickelt, verbunden mit dem Plan, dieses Gras zukünftig zu meiden. Derartiges Denken lernen die Kleinsten in vielen Materialbegegnungen. Spiegelnde Materialien haben für Säuglinge einen hohen Aufforderungscharakter – bei zu vielen Spiegelungen allerdings gerät das Kind in Angst und fängt an zu weinen. Entscheidend ist also, das richtige Verhältnis zwischen interessanten und zu vielen Eindrücken zu finden.

Genaues Beobachten und intensives Betrachten sind die ersten Schritte in eine Lernkultur, die vom Erwachsenen angeregt wird, es letztlich aber dem Kind überlässt, wie lange und ausdauernd es sich diesen Reizen aussetzt. In Ruhe und mit viel Liebe zum Detail erforschen Kinder oft stundenlang die Dinge dieser Welt, bis sie ein »Dingkonzept« (wie das Spiegeln oder das Nicht-Spiegeln) begriffen haben.

Erfahrungen werden im Kindesalter über die Sinne gemacht und im Tun gelernt. Lernen ist noch kein rein abstrakter Vorgang, sondern eng mit dem Hantieren mit Gegenständen verbunden. »Lernen im Tun«, das spielende Erforschen der Welt, gilt als die beste pädagogische Methode zur Weltaneignung. Den Wunsch und das Bedürfnis der Kinder, Neues zu entdecken und sich in unbekannte Situationen zu begeben, sollte der Erwachsene als pädagogische Herausforderung betrachten und die kindliche Neugier unterstützen.

Letztlich halten uns Reize und Wahrnehmungen zwar bis ins hohe Alter wach für neue Erfahrungen und Erkenntnisse. Doch Erwachsene müssen oft alte Wahrnehmungsmuster beiseite schieben, um für neue Inhalte offen zu sein. Oft hört man bei Weiterbildungen den überraschten Spruch: »Das stimmt, so habe ich das noch gar nicht gesehen!«

Wahrnehmen und Lernen zielen auf Entwicklung, Wandlungsprozesse und Veränderungen. Vielleicht ergibt aus psychologischer Sicht die »Spiegelung« eines Verhaltens oder einer Einstellung eine Initiative zur Um- und Weiterentwicklung. Man sieht sich selbst neu, ist überrascht und überlegt sich andere Handlungskonzepte – und sei es nur, dass man vorm Spiegel mit Kämmen und Spangen experimentiert, sich selbst anders wahrnimmt und für einen anderen Look entscheidet.

Spiegelungen in der Natur

Die Wasseroberfläche ist dar älteste Spiegel der Welt. Lange bevor der Mensch Spiegel herstellen konnte, erblickte er sich in Pfützen, Teichen und Wasserlachen. Zunächst mag ihn sein Spiegelbild als Zauberei erschreckt haben, später nutzte er es, um sich selbst zu entdecken und sein Aussehen zu begutachten.

Spiegelungen kann man an den unterschiedlichsten Orten beobachten:
- in Tautropfen auf der Wiese
- an glänzenden Blättern im Wald
- in Pfützen auf dem Wege
- im stillen Wasser eines Baches
- auf der ruhigen Oberfläche eines Sees
- an blanken oder erzhaltigen Steinen
- an Eiszapfen
- auf glatten Eisflächen Winter

Spiegelexpeditionen: Wahrnehmen – Betrachten – Spielen – Experimentieren

Die Spiegelbilder auf Gewässern ändern sich im Laufe des Jahres. Im Frühjahr erkennt man das zarte Grün der Knospen und Blätter, im warmen Sommer lassen sich stundenlang vorbeiziehende Wolkenspiegelungen beobachten, im Herbst schwimmt buntes Laub auf dem Wasser, während die Schwäne in den letzten Sonnenstrahlen ihr Gefieder putzen. Und wenn der See mit blankem Eis bedeckt ist, blitzt das Licht der sich spiegelnden Wintersonne so sehr, dass man die Augen zusammenkneifen muss.

Spiegelungen in der Natur   37

Die Fata Morgana

Eine Fata Morgana ist eine Luftspiegelung. Sie entsteht, wenn unterschiedlich warme Luftschichten zusammenkommen: Heiße Luft hat eine geringere optische Dichte als kalte Luft. Einfallende Lichtstrahlen werden darum beim Eintritt in das optisch dünnere Medium »weggebrochen« bis hin zur Totalreflexion. Das passiert aber nicht nur in der Wüste, diese Luftspiegelungen lassen sich auch bei uns auf glatten Straßen oder über dem Meer beobachten. Selbst Vergrößerungen und Mehrfachspiegelungen sind möglich. Seefahrer früherer Jahrhunderte nannten die auf diese Weise entstandenen, scheinbar über dem Meer schwebenden Schiffe »Fliegender Holländer«.

Spiegelungen in der Stadt

In der Stadt gibt es sowohl natürliche als auch vom Menschen gemachte Spiegelbilder: Nach einem Regenguss erkennt man in den Pfützen die Fassaden der Häuser. Wenn man um die Pfütze herumläuft, verändert sich das gespiegelte Bild: Da erscheint plötzlich der hohe Kirchturm oder ein Balkon mit roten Blumen wird sichtbar. Spiegelungen an Autos verzerren oder lassen Gebäude seltsam verkrümmt erscheinen. Seiten- und Rückspiegel machen für den Fahrer Unsichtbares sichtbar, denn sie zeigen, was beim Blick nach vorne nicht zu sehen ist.

Auch an Schaufenstern kann man unglaubliche Doppelbilder entdecken. Ein Auto steht plötzlich mitten in einem Geschäft, und ein angelehntes Fahrrad erscheint doppelt.
   Vorbeigehende Menschen spiegeln sich mehrfach im Glas eines Restaurants.
   Eine Reklameschrift erscheint seitenverkehrt im Fenster.
   Auf einem Markt preist ein Tuchverkäufer ein besonders nützliches Fensterputztuch an und demonstriert dessen tolle Eigenschaften – an einem Spiegel.

Spiegelungen in der Stadt | 39

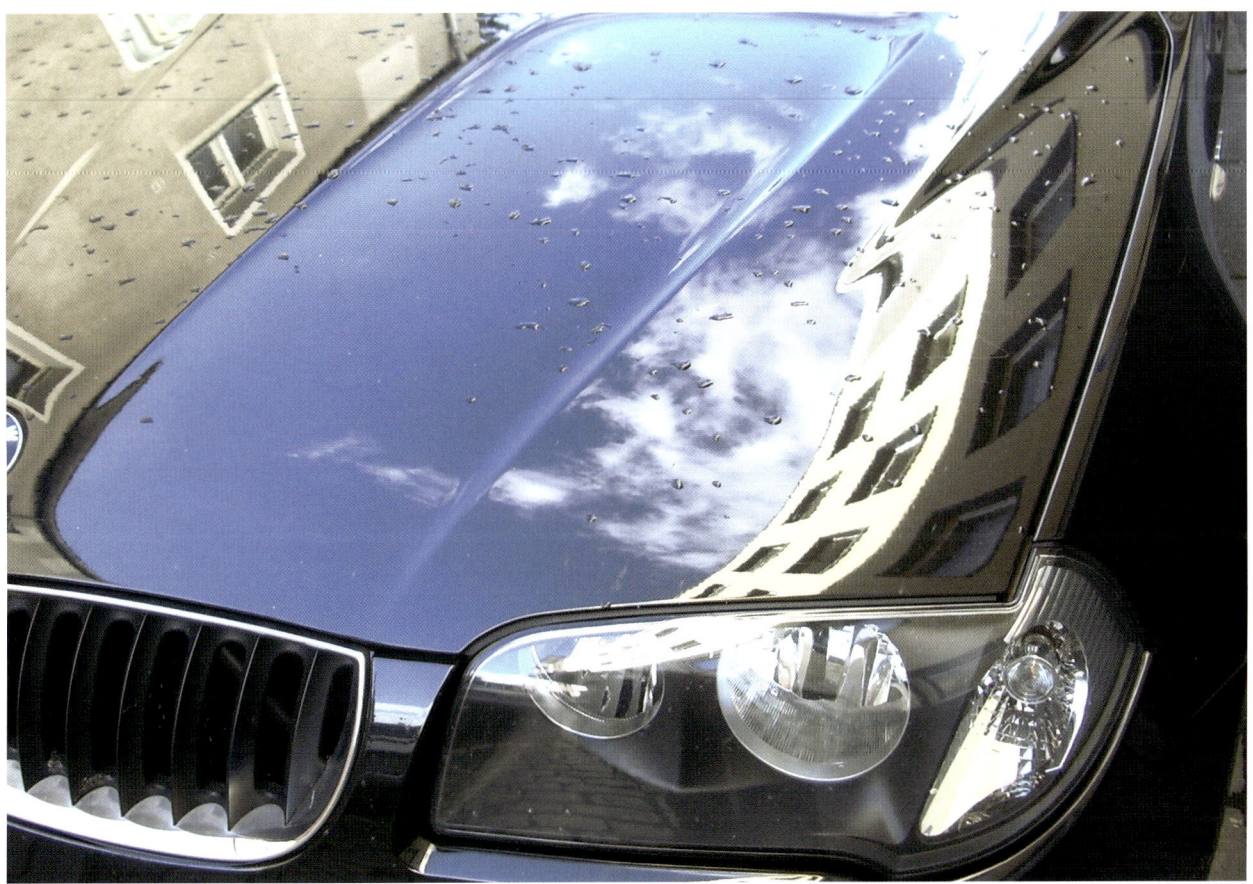

Spiegelexpeditionen: Wahrnehmen – Betrachten – Spielen – Experimentieren

Spiegelungen in der Stadt | 41

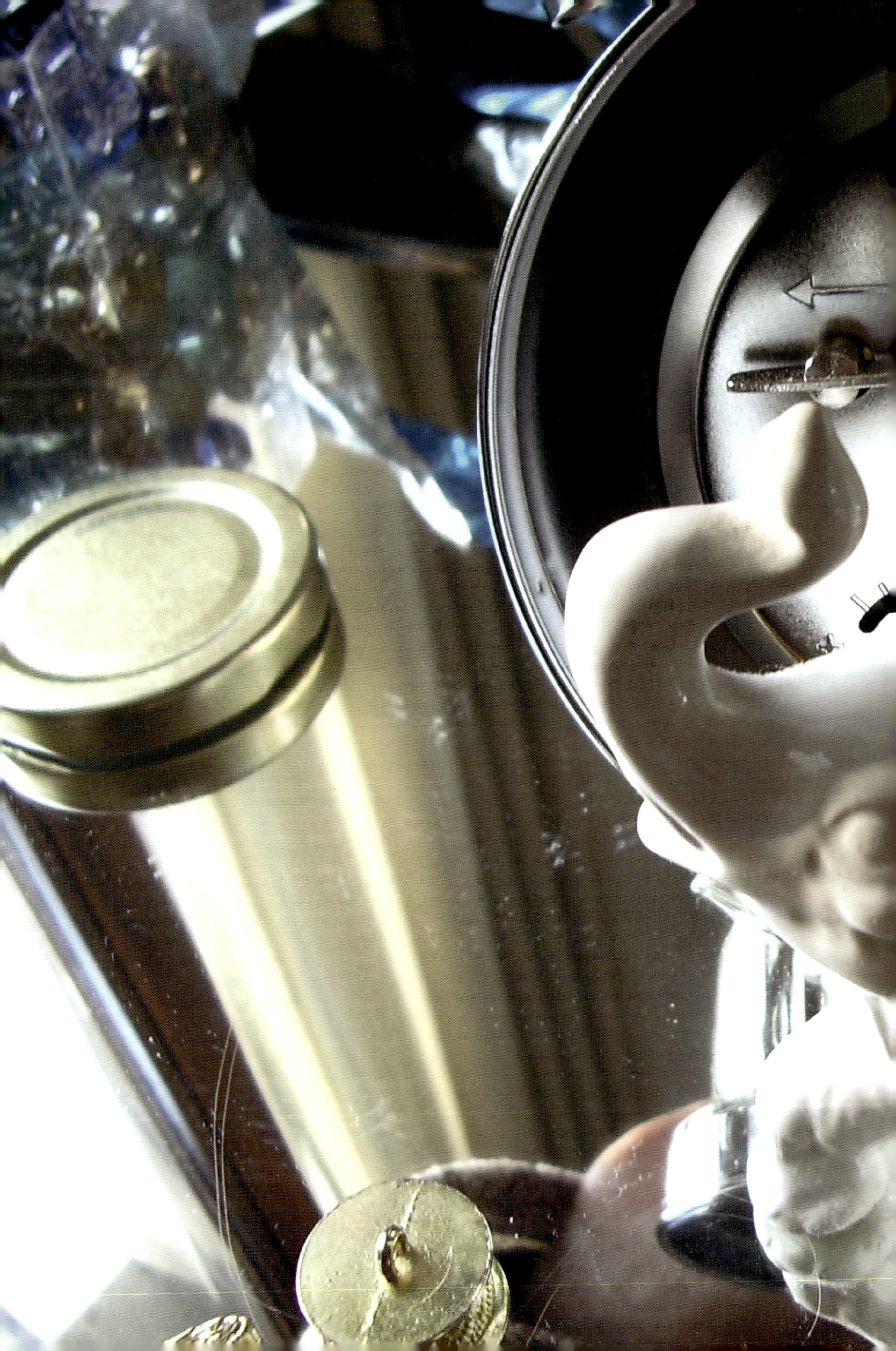

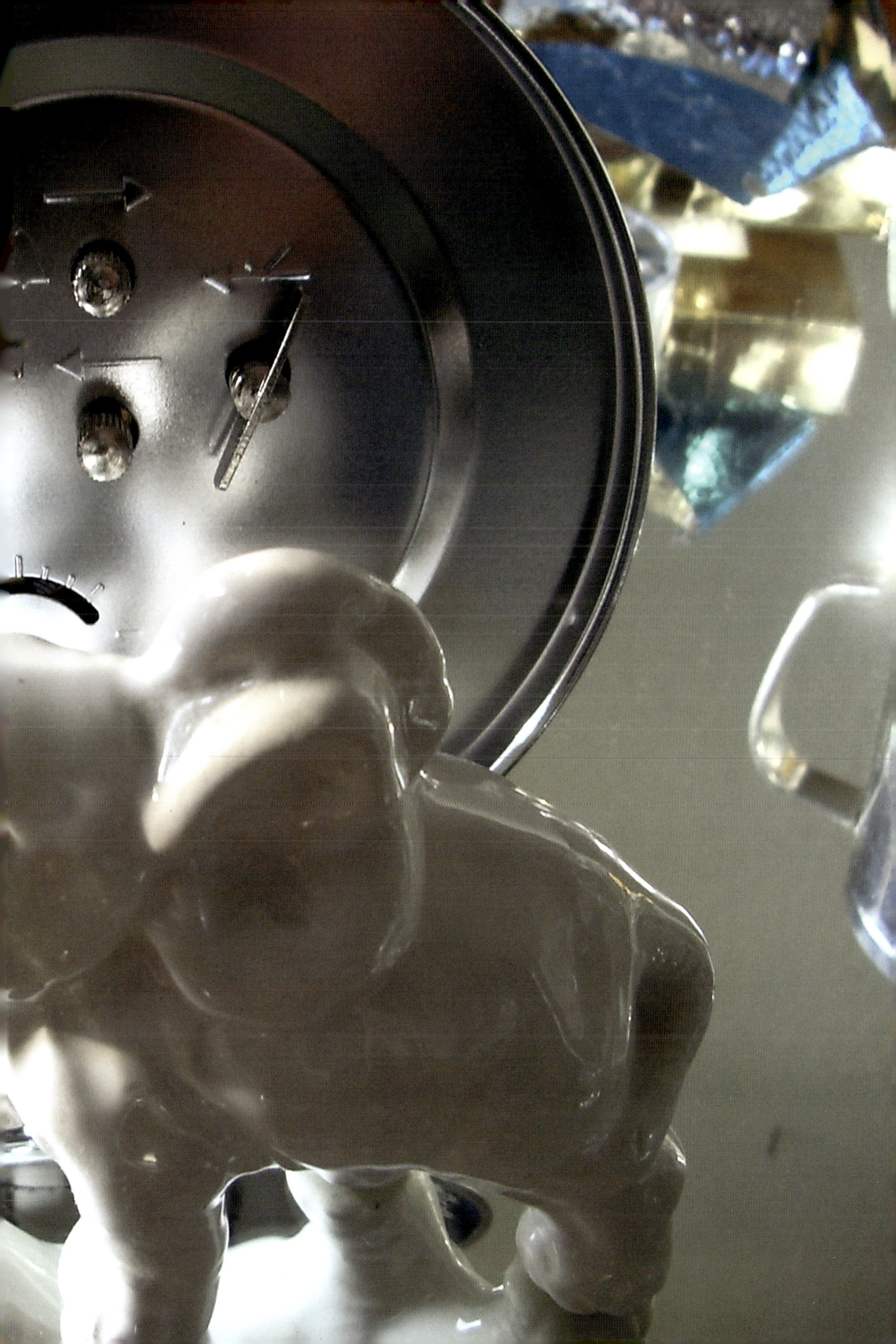

Beobachtungen im Alltag

In der Dämmerung spiegeln sich Kerzen im Fenster. Es scheint, als würden sie an der Hauswand gegenüber aufleuchten: Je dunkler es draußen wird, desto heller und deutlicher wird das Kerzenlicht.

In einem Restaurant wird plötzlich ein an der Wand hängendes Bild lebendig. Eine Fensterscheibe zeigt das Geschehen im Restaurantgarten wie in einem Film: Leute sitzen an Tischen, essen und unterhalten sich.

Beobachtungen im Alltag

Beim Blick in ein Aquarium scheint sich die Zahl der Fische vervielfacht zu haben.

Auf dem Tisch im Garten liegt eine Sonnenbrille. In den dunklen Gläsern erkennt man neben der Landschaft auch Äpfel, die auf dem Tisch liegen.

Im Landschulheim ist der Waschsaal mit vielen Toilettenspiegeln ausgestattet.

Spiegel einer Bäckerei verdoppeln die Anzahl der Brote.

Im goldgelben Dotter des Spiegeleies und in der glänzenden Schale einer Tomate spiegelt sich die Küche: Diese Spiegel kann man essen!

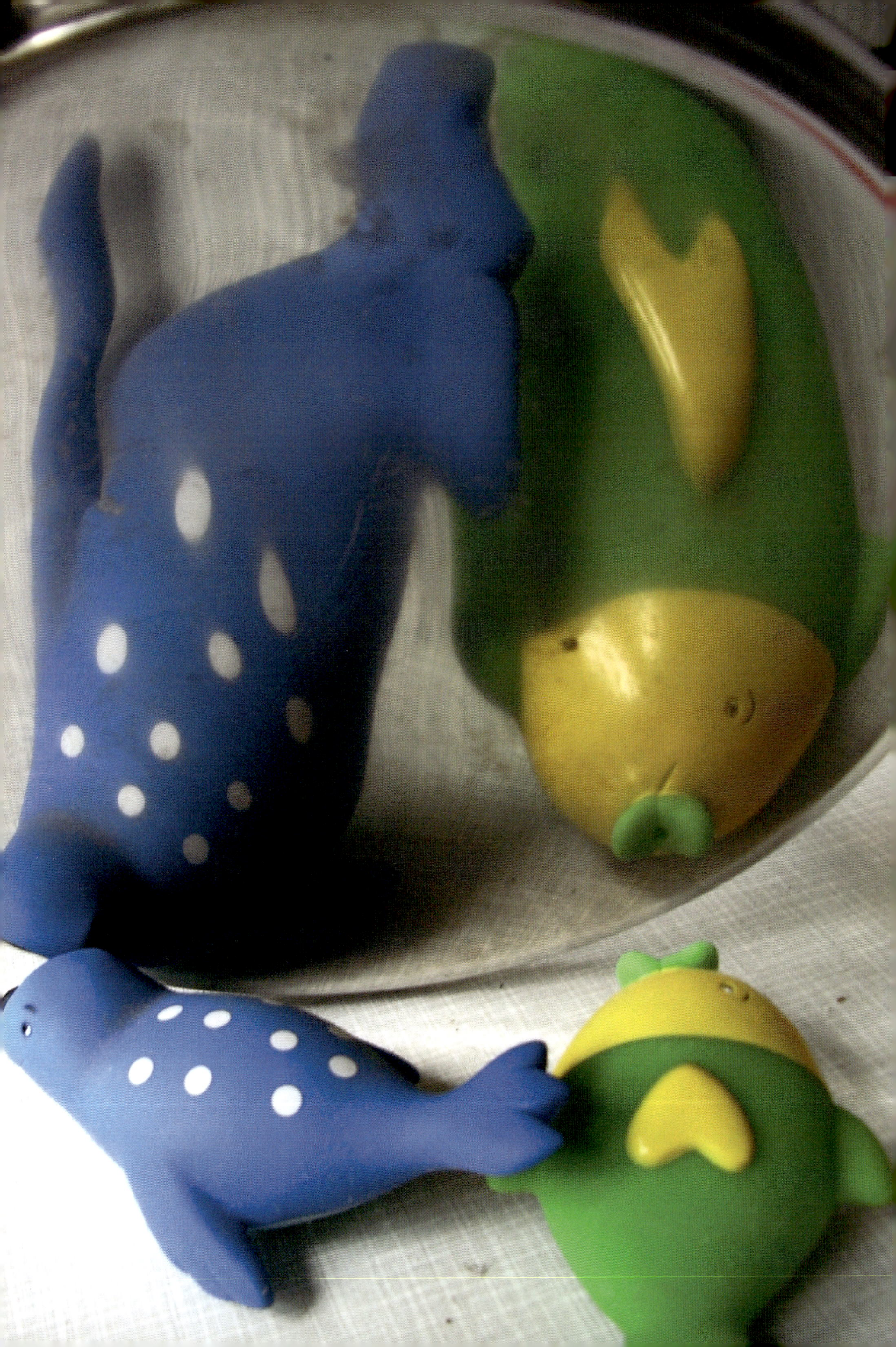

Spiegellabor:
Sammeln
Suchen
Forschen
Ordnen

Spiegellabor: Sammeln – Suchen – Forschen – Ordnen

Dieses Kapitel geht über das Wahrnehmen und Entdecken hinaus. Unsere Sinnesorgane vermitteln uns den ersten Eindruck von den Dingen und der Welt. Über die genaue Beobachtung entdecken wir die Gesetzmäßigkeiten in der unbelebten Natur. Spiegel können täuschen, verunsichern und in die Irre führen. Die Dinge scheinen verkehrt zu sein, rechts und links, oben und unten sind vertauscht, vorne und hinten stimmen nicht mehr. Wie hängt das zusammen? Die Antworten finden wir in der Physik, in den Gesetzmäßigkeiten der Optik (Lehre vom Licht), denn Naturgesetze helfen uns, die Flut der auf uns einstürmenden Sinneseindrücke zu ordnen. Das Denken ergänzt diese Eindrücke, es erweitert und verknüpft sie mit bereits erlebten Situationen und erinnerten Wahrnehmungen. Sinnliches Erleben und Denken sind in einem ständigen Wechselspiel miteinander verwoben, wobei das eine nicht ohne das andere auskommen kann. So wird die Wahrnehmung wird zum Ausgangspunkt von Experimenten und Untersuchungen.

Kinder und Heranwachsende sind täglich und überall mit naturwissenschaftlichen Phänomenen konfrontiert. Damit Physik aber zum Gedanken- und Kulturgut werden kann, müssen unsere Beispiele sich

Spiegel in der Himmelskunde

Schon immer wollten die Menschen das Rätsel der Himmelskörper lösen. Sie entwickelten im Laufe der Jahrtausende viele Theorien über das Weltall. Mit dem heliozentrischen Weltbild des Kopernikus (Die Erde dreht sich um die Sonne!) wurde der Himmel für die Forscher zum großen Entdeckungsfeld. Galileo Galilei (1564-1642) schrieb sich 1581 an der Universität von Pisa ein, studierte dort Medizin, Philosophie und Mathematik und erhielt einen Lehrstuhl in Mathematik. Der Lauf der Planeten und der Sternenhimmel interessierten ihn besonders. Es wird berichtet, dass er entgegen der herkömmlichen Lehre den Studenten seine eigenen physikalischen Beobachtungen vermittelte, worauf sein Vertrag an der Universität nicht verlängert wurde. 1608 hatte der niederländische Optiker Hans Lippershey das Fernrohr erfunden, das so genannte holländische Teleskop. Galilei baute es nach und führte es dem Dogen von Venedig vor. Da es großen Nutzen für die Seefahrt versprach, wurde Galileis Gehalt verdoppelt und man sicherte ihm eine lebenslange Anstellung als Professor zu. Das »Galilei-Teleskop« beruhte noch auf einem einfachen optischen Linsensystem. Galilei war einer der ersten, der das Teleskop auf den Himmel richtete und seine Beobachtungen aufzeichnete. 1609 baute Galilei ein Teleskop mit zwanzigfacher Vergrößerung, mit dem er Gebirge und Krater auf dem Mond erforschte. Er erkannte auch, dass die Milchstraße aus Sternen besteht und entdeckte die vier großen Jupitermonde. Aufgrund seines Ruhmes wurde er in Florenz zum Hofmathematiker ernannt. 1610 erschien in Venedig sein »Sidereus Nuncius« (Sidereus: lat.: Sterne, Nuntius: lat.: Bote, Nachricht, Kunde). Zu Galileis Zeit war diese »Sternenbotschaft« so bedeutsam wie es heute die Nachrichte von Leben auf dem Mars oder der Kunde von weiter entferntem Leben wäre.

Sternenbotschaft, die große und bewunderungswürdige Schauspiele für jedermann, besonders aber den Philosophen und Astronomen darbietet, die von Galileo Galilei, florentinischer Patrizier und Mathematiker am öffentlichen Gymnasium in Padua, mit Hilfe des erst kürzlich von ihm erfundenen Fernrohrs (Perspicillum) auf der Mondoberfläche, bei unzähligen Fixsternen, in der Milchstraße, in den Sternennebeln, besonders aber bei den vier Planeten beobachtet wurden, die in verschiedenen Abständen und Umlaufzeiten um den Jupiter Kreisen; diese bisher von niemandem Gekannten hat der Autor vor kurzer zeit als erster entdeckt und sie mediceische Gestirne zu nennen beschlossen.

auch an diesen Erfahrungen orientieren. Keinesfalls dürfen sie unerreichbare, unverständliche und vom Leben abgehobene Gelehrtenweisheiten darstellen. Anschauliche, unkomplizierte Lernarrangements in lebensnahen Situationen ermöglichen die spielerische Annäherung an komplizierte Sachverhalte.

Durch Anekdoten kann das Leben berühmter Physiker lebendig vermittelt werden und helfen, ein geschichtliches Bewusstsein über die Entwicklung naturwissenschaftlicher Forschung zu entwickeln. Viele Gelehrte haben optische Entdeckungen und Erfindungen gemacht – für die Spiegelphysik war Galilei einer der ersten.

Die Wirkungsweise von Spiegeln hat also auch in der Wissenschaft das schöpferische Denken angeregt. Wir können kleine Experimente mit Papierrollen und Linsen nachvollziehen. Außerdem gibt es Bauanleitungen und Bausätze für einfache Spiegelteleskope.

Ein weiteres Beispiel für die weltweiten Auswirkungen einer Erfindung ist die Geschichte der Fotografie: von der Camera Obscura des Leonardo da Vinci über die Daguerreotypie im 1900 Jahrhundert bis hin zur digitalen Spiegelreflexkamera des 21. Jahrhunderts.

camera obscura als Zeichenhilfe

Die Welt im Spiegel

Bunte Steine liegen verstreut auf dem großen Spiegel, dicht gedrängt und übereinander aufgetürmt. Einzelne Steine leuchten aus dem Haufen heraus.

Die Steine lassen sich auf dem Spiegel verschieben, dabei verändert sich auch das Spiegelbild. Die Steine im Spiegel sehen wie echt aus, aber man kann sie nicht anfassen. Greift man nach ihnen, spürt man nur die glatte, kalte Oberfläche des Spiegels. Was lässt sich noch beobachten?

Abbild und Täuschung

Drei Gegenstände – Tomate, Zitrone und Marmeladenglas – liegen vor dem Spiegel. Ihr Abbild ist deutlich im Spiegel zu erkennen. Sie scheinen in einem Raum zu liegen, der dem wirklichen Raum sehr ähnlich ist. Zitrone, Tomate und Marmeladenglas scheinen zweimal zu existieren.

Schlussfolgerung: Ein einfacher glatter Spiegel verdoppelt alle Dinge in seinem Spiegelbild.

Die Tomate vor dem Spiegel fühlt sich warm an, die Tomate im Spiegelbild ist kalt.

Berührt man eine Zitrone, dann hat man den sauren Zitronengeruch an den Fingern. Die Zitrone im Spiegel ist geruchlos, und ihre Schale hat sich verändert – sie zwar sieht zwar rubbelig aus, aber man fühlt es nicht! Sie ist genauso glatt und kalt wie die Tomate und das Marmeladenglas!

Nur das Marmeladenglas ist ebenso kalt wie der Spiegel. Die drei Gegenstände im Spiegel scheinen irgendwie doch nicht richtig zu existieren: Man kann sie nicht ertasten, sondern nur sehen und betrachten. Das Spiegelbild ist geschmack- und geruchlos.

Schlussfolgerung: Das Bild im Spiegel lässt die Dinge wirklich erscheinen – sie sind es aber nicht. Der Spiegel bildet die Gegenstände täuschend ähnlich ab, sie erscheinen also wie wirklich vor unseren Augen. Darum nennt man die Bilder im Spiegel auch scheinbare oder virtuelle Bilder.

Spiel mit der Unsichtbarkeit

Was passiert im Spiegel, wenn man eine Hand zwischen Zitrone und Spiegel hält?

Das Spiegelbild der Tomate verschwindet hinter der Hand. Man kann auch das Marmeladenglas vor die Zitrone schieben oder die Tomate dahinter: Die Abbildung im Spiegel ändert sich immer.

Dreht man den Spiegel um, sieht man nur die hellblaue Plastikverkleidung des alten Rasierspiegels: Zitrone, Tomate und Marmeladenglas scheinen im Spiegel gefangen zu sein.

Schlussfolgerung: Die Gegenstände existieren nicht hinter dem Spiegel, sondern nur im Spiegel(bild).

Vorderseite und Rückseite

Im Spiegel sieht man genau die Seiten der Würfel, die von vorne nicht zu sehen sind. Die Vorderseite der Würfel hingegen ist im Spiegel nicht zu erkennen. Vorne und hinten sind vertauscht. Die nicht sichtbare Augenzahl lässt sich aber erraten!

Schlussfolgerung: Das Spiegelbild zeigt nur die dem Spiegel zugewandte Seite.

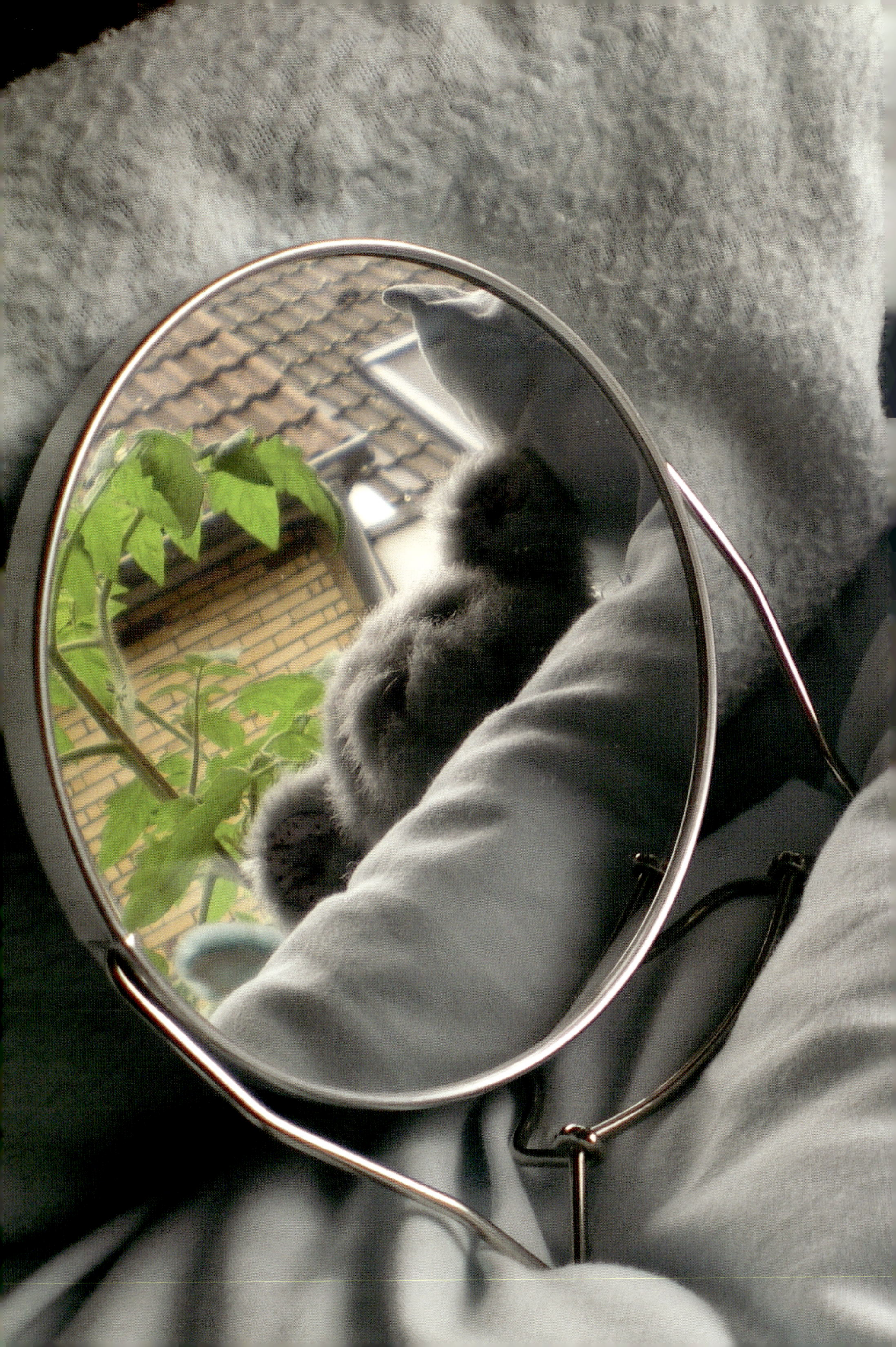

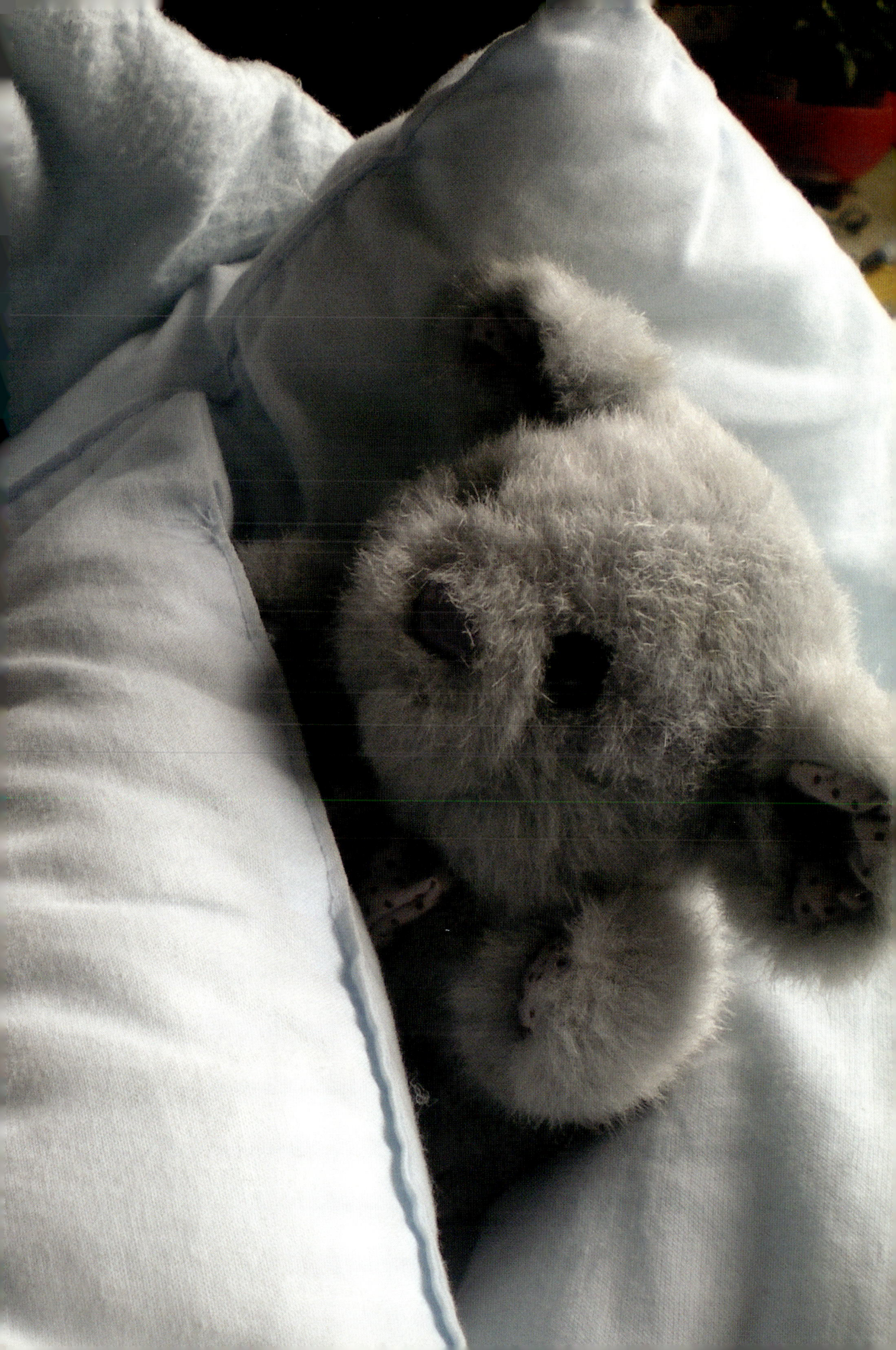

Umlenkspiegel

Diese Spiegel sind spaßig und zugleich nützlich. Sie sind so an Häusern oder unübersichtlichen Straßenecken angebracht, dass sie ein Bild in eine bestimmte Richtung lenken. In den Niederlanden bemerkt man oft kleine Spiegel an den Fenstern, die auf die Haustür gerichtet sind. So weiß man mit einem Blick in den Spiegel, wer zu Besuch kommt. Umlenkspiegel findet man auch im Straßenverkehr an unübersichtlichen Ecken und Kurven: Sie vergrößern den Blickwinkel und erhöhen so die Sicherheit.

Ein anderes Beispiel führt uns nach Rattenberg, ein kleines malerisches Städtchen in Tirol/Österreich. In den Wintermonaten liegt es völlig im Schatten des hohen Schlossberges, kein Sonnenstrahl erreicht die Stadt. Man versucht nun, in den Wintermonaten durch einen großen Umlenkspiegel Sonnenlicht nach Rattenberg zu bringen.

Und auf den Bahnhof Flughafen Graz erfolgt die Beleuchtung des Haltestellenbereiches über eine Kombination aus direkter und indirekter Beleuchtung. Die Bahnsteigkanten werden über Strahler via Lichtumlenkspiegel zusätzlich beleuchtet.

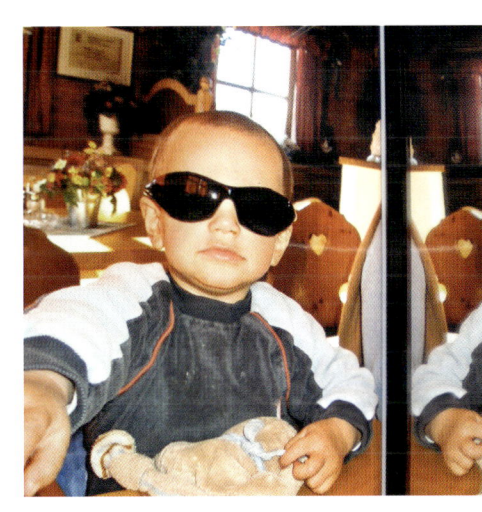

Spiegelsymmetrie

Wer glaubt, zwei völlig identische Gesichtshälften zu haben, der mache einen Versuch mit einem kleinen Handspiegel. Zum großen Erstaunen sieht ein gespiegeltes Foto ganz anders aus!

Der Versuch lässt sich mit vielen Fotos aus der Werbung, aus Fotoalben oder mit Bildern auf Verpackungen wiederholen.

Spiegelschrift

Im Haus hinter den Spiegeln entdeckt Alice ein Buch mit einem Gedicht in einer seltsamen Schrift: in Spiegelschrift. Die Buchstaben laufen nicht von links nach rechts, sondern von rechts nach links. Spiegelschrift ist seitenverkehrt. Erst wenn man den Text im Spiegel betrachtet, ist er ganz normal zu lesen.

Umlenkspiegel sind auch ein schöner Zeitvertreib, wenn man wegen einer Erkältung für einige Tage das Bett hüten muss. Ein Handspiegel wird so positioniert, dass man im Liegen aus dem Fenster sehen kann, und erfährt, was draußen so alles los ist. Auch das Lieblingsstofftier ist krank geworden und möchte hinausschauen!

DER ZIPFERLAKE

Verdaustig wars' und glasse Wieben
Rotterten gorkicht im Gemank;
Gar elump war der Pluckerwank,
Und die gabben Schweisel frieben.

Kinder wachsen bei uns in eine Schriftkultur hinein. Diese basiert auf abstrakten Zeichen, die für Kinder keine Umgangsqualität haben. Schrift ist für kindliche Sinne nicht fassbar, denn man kann nicht mit ihr spielen oder hantieren. Da unser Auge die Dinge normalerweise verkleinert, auf dem Kopf und seitenverkehrt auf der Netzhaut abbildet und das »Richtig-Herum« erst durch Erfahrung gelernt wird, fehlt dieser Aspekt der Dingbegegnung bei der Schrift – darum zeichnen Kinder verkehrt herum. Spiegelschrift ist ein Phänomen, das häufig im Vorschulalter bei Kindern auftritt, die noch mit den Buchstaben spielen.

Ein schönes Spiel ist es, Spiegelschrift zu legen und anschließend zu essen. Buchstaben können auch aus einfachen Teigen gebacken, dekoriert, benutzt und nach der Denkleistung genüsslich aufgemampft werden. Spiegelschrift schmeckt und geht durch den Magen!

Spiegelschrift

Spiegelschrift ist auch eine Geheimschrift, die man mit Hilfe eines Spiegels selber schreiben und entziffern kann. Mit etwas Übung lassen sich diese geheimen Nachrichten auch ohne Spiegel schreiben. Der italienische Künstler und Wissenschaftler Leonardo da Vici wollte seine Erkenntnisse vor der Öffentlichkeit geheim halten und schrieb deshalb meist in Spiegelschrift. Für Ihn war das keine Mühe, er beherrschte beides – die normale ebenso wie die Spiegelschrift. Denn Leonardo war Linkshänder, und Linkshändern fällt das Schreiben in Spiegelschrift leichter als Rechtshändern.

Ein Spiel für Größere: Mit einem dicken Filzstift werden schwierige Worte auf ein Blatt Papier geschrieben. Dann deckt man dieses Blatt so ab, dass die anderen Mitspieler das Geschriebene nur im Spiegel sehen können und buchstabieren oder raten müssen.

Bei Rettungsfahrzeugen steht an der Vorderfront oft Notarzt oder Feuerwehr in Spiegelschrift. Warum?

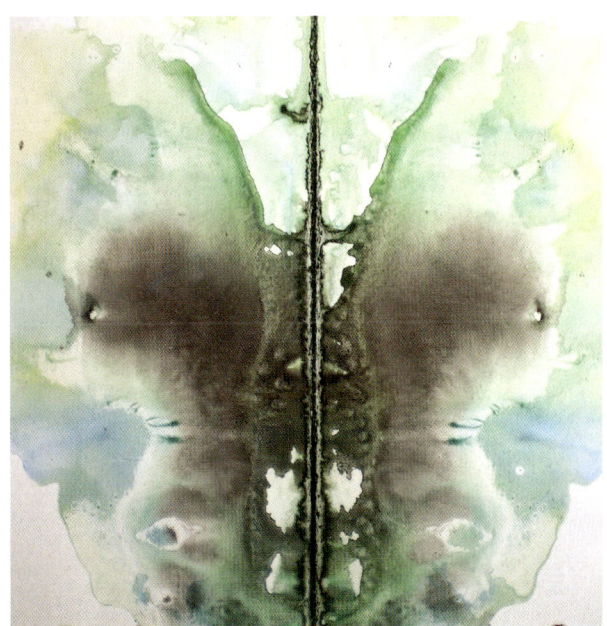

Spiegelverkehrt heißt auch: Der Drehsinn ändert sich. Das kann man gut erkennen, wenn man ein Schneckenhaus vor einen Spiegel legt.

Musikalische Spiegelung

In der Musik nennt man eine Spiegelung »Umkehrung«: In einer bestimmten Passage laufen die Töne nicht von oben nach unten, sondern von unten nach oben. Das Prinzip funktioniert in beiden Richtungen.

Ebene Spiegel

Mit einem kleinen glatten Spiegel lässt sich das Licht fangen: Man hält den Spiegel einfach ans Fenster und bewegt/dreht ihn mit langsamen Kippbewegungen zur Wand, bis dort ein runder Lichtschein sichtbar wird. Mit jeder Handbewegung tanzt der Lichtschein auf und ab. Hält man die Hand über den Spiegel, verschwindet der Schein.

Blanke Gegenstände reflektieren das Licht. So entstehen scheinbare Bilder, die aber nicht so deutlich wie im Spiegel sind. Im Zimmer lassen sich noch andere spiegelnde Flächen entdecken. Wie sind diese beschaffen? Wie sehen die Spiegelbilder in diesen Gegenständen aus?

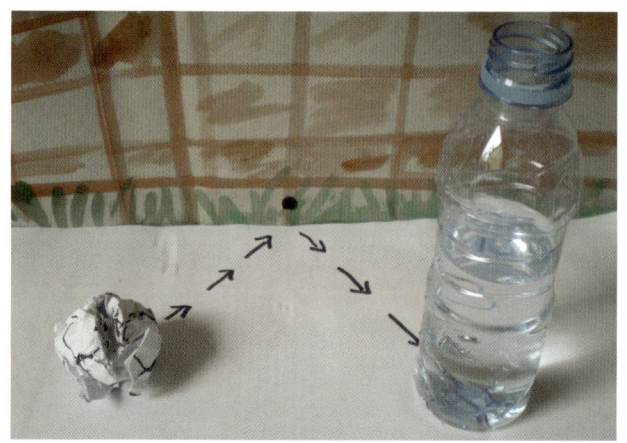

Schlussfolgerung: Die Bilder im Spiegel und auf anderen glatten Oberflächen entstehen durch die Reflexion des Lichtes. Das Licht strahlt vom Spiegel wieder in den Raum zurück, die reflektierten Lichtstrahlen formen ein Bild.

So entstehen auch die Lichtspiegelungen an der Wand.

Der Winkel, in dem das Licht auf einen Spiegel einfällt, ist genau so groß wie der Winkel des austretenden Lichtes.

Dieses physikalische Gesetz (Einfallswinkel = Reflexionswinkel) lässt sich gut mit einem Fußball ausprobieren: Der Ball wird gegen eine glatte Wand geschossen – und prallt ab. Der Winkel, mit dem der Ball zurückkommt, ist genau so groß wie der Winkel, mit dem er auf Wand traf.

Spielvorschlag:
Wenn man einen Kegel auf die Linie stellt, kann man versuchen, diesen mit dem abprallenden Ball zu treffen.

Gewölbte Spiegel

Wie kommt es, dass manche Spiegelbilder auf dem Kopf stehen, verzerrt, vergrößert oder verkleinert sind?

Ein doppelseitiger Handspiegel hat eine nach innen gewölbte und eine glatte Seite. Das kann man fühlen. Die glatte Seite zeigt das Gesicht in Originalgröße. Die nach innen gewölbte Seite vergrößert das Gesicht, so dass die Poren der Haut, die Wimpern und die Iris im Auge besser zu erkennen sind. Doch wenn man den gewölbten Spiegel weiter weg hält, steht das Spiegelbild plötzlich auf dem Kopf.

Ein blanker Löffel hat eine nach innen und eine nach außen gewölbte Seite.

Die nach innen gewölbte Seite vergrößert die Abbildung. Ab einer bestimmten Entfernung wird die Abbildung auf den Kopf gestellt.

In der nach außen gewölbten Seite wird die Abbildung immer verkleinert.

Spiegellabor: Sammeln – Suchen – Forschen – Ordnen

In einer spiegelnden Kugel lässt sich der ganze Raum erkennen. Aber auf dem Kopf steht er nicht.

Im Spiegelkabinett auf dem Rummel verzerren gewölbte Spiegel die Körper und Gesichter auf absurde, seltsame, komische Weise.

Gewölbte Spiegel 61

Flach- und Wölbspiegel, viele unterschiedlichen Spiegelungen, doppelt, dreifach, auf dem Kopf, seitlich, verzerrt in die Länge gezogen, dick, rund oval, lang, dünn oder gekrümmt sind in Köln vor dem Hintereingang des Museums Ludwig in einer Plastik der Bildhauers Thomas Schütte zu beobachten. In der »Stahlfrau 13« spiegeln sich in den glatten Stahlflächen alle Dinge und Menschen in der Umgebung: ein Kran von der Baustelle gegenüber, ein fotografierendes Mädchen, Besucher des Museums und das Museumsgebäude selbst. Alle Spiegelgesetze und Spiegelarten lassen sich beim Herumgehen um die Plastik entdecken.

Schlussfolgerung: Es gibt unterschiedlich geformte Spiegel, nicht alle sind glatt und eben. Spiegel können rund, eckig, oval, hoch, klein, gewölbt, wellig, oder gebogen sein. Die Abbildung richtet sich immer nach der Beschaffenheit der spiegelnden Fläche.

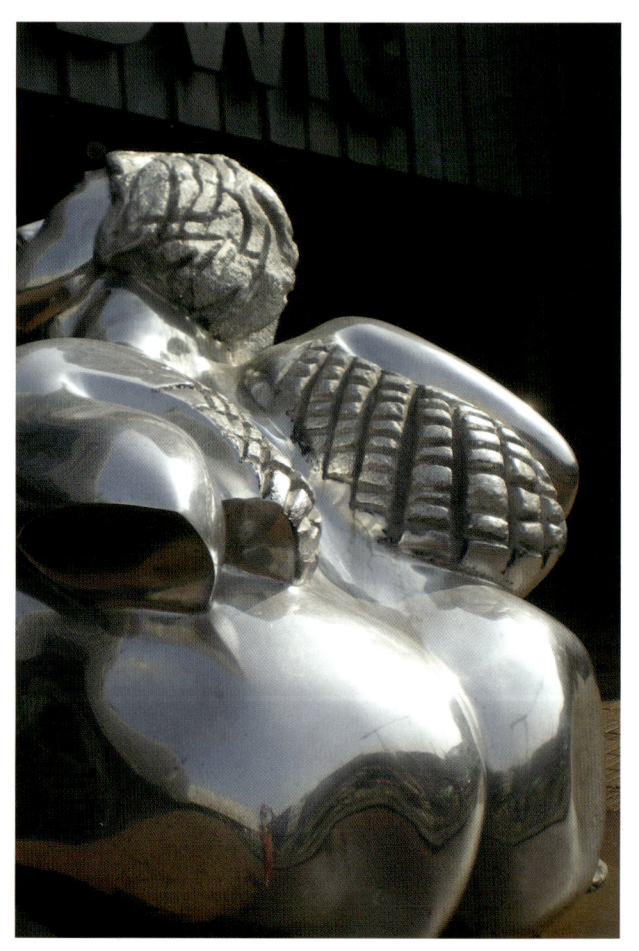

Bilderfangen

Bei gutem Wetter lässt sich eine Spiegelexpedition auf den Spielplatz oder in den Park starten. Dort kann man mit dem Spiegel in den Himmel oder auch rückwärts schauen. Was steckt hinter dem Baum? Was geht in den Zweigen vor? Wie sieht eine Baumkrone von unten aus? Wie kommt das Haus vor den Baum?

Bei schlechtem Wetter kann man auch im Raum auf Entdeckungsreise gehen, hinter die Gegenstände schauen, schöne Bilder einfangen.

Spiegelbilder in Gegenständen

Überall in der Wohnung finden sich Dinge, in denen sich etwas spiegeln kann: Glanzpapier, Metallknöpfe, Gläser, Schmuck, Besteck, Porzellan, Verpackungsmaterial, Alufolie...

Wenn man einen Gegenstand vor diese Dinge hält, bemerkt man, dass die Spiegelungen ganz unterschiedlich sind: klar und deutlich, bunt oder schwarz-weiß, verschwommen, matt, trüb, blind, verzerrt, undeutlich, schwach, verkleinert, auf dem Kopf stehend...

Schlussfolgerung: Nur glatte Spiegel zeigen ein reales Bild. Matte und raue Oberflächen spiegeln nicht oder nur schwach.

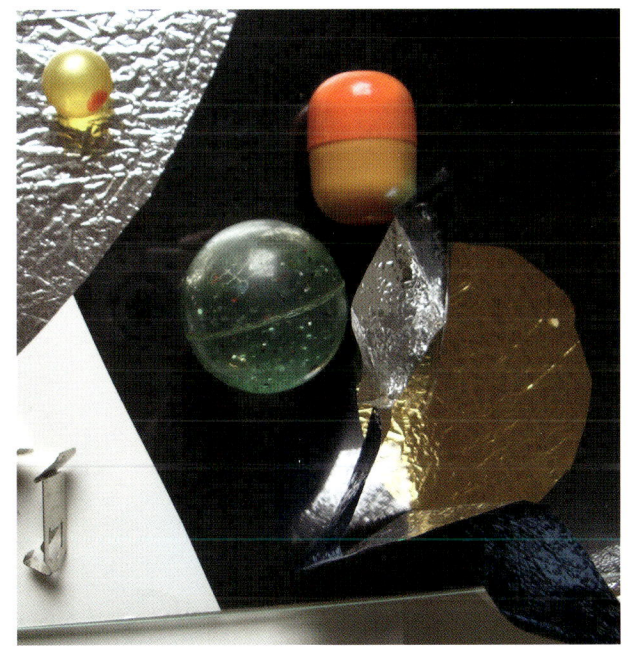

Kleine Spiegelgeschichte

Ägypter, Griechen und Römer stellten Spiegel aus poliertem Metall her. Diese Spiegel waren zwar prunkvoll geschmückt, doch sie reflektierten nur wenig Licht: Die ersten ebenen Glasspiegel kamen aus Italien. 1516 beschichtete man dort erstmals die Rückseite einer Glasscheibe mit Quecksilberamalgam, das anschließend mit schwarzem Lack überzogen wurde. Weil diese Beschichtung jedoch hochgiftig war, starben viele Spiegelmacher. Erst 1835 wurde ein ungiftiges Verfahren zur Spiegelherstellung entwickelt:

Eine hauchdünne Silberschicht wird auf die Glasfläche aufgebracht und anschließend mit einer Kupferschicht bedeckt. Auch hier schützt schwarzer Lack die beiden empfindlichen Metallschichten. Die modernste Methode zur Spiegelherstellung ist das Aufdampfen einer Aluminiumschicht, die anschließend ebenfalls schwarz lackiert wird.

Geht ein Glasspiegel zu Bruch, so sind das beschichtete Glas und der schützende Anstrich gut zu erkennen.

Halbdurchlässige Spiegel

Das Glas ist hauchdünnn mit Metall beschichtet, aber noch nicht schwarz lackiert. In einem gleichmäßig beleuchteten Raum kann man sowohl hindurchblicken als auch das Spiegelbild sehen.

Ist der Raum vor dem Spiegel hell und dahinter dunkel, dann sieht man ein deutliches Spiegelbild. Im umgekehrten Fall (der Raum vor dem Spiegel ist dunkel und dahinter hell) kann man hindurchblicken.

Spiegelwerkstatt

Kann man selber einen Spiegel bauen? Welche Materialien benötigt man dazu? Mit unterschiedlichen Materialien (schwarze Pappe, Goldpapier oder Alufolie) lässt sich hinter einer Glasscheibe ausprobieren, welches am besten spiegelt. Glas mit einem schwarzen Hintergrund liefert ein gutes Bild. Es ist zwar dunkel, aber deutlich zu erkennen. Warum ist das so?

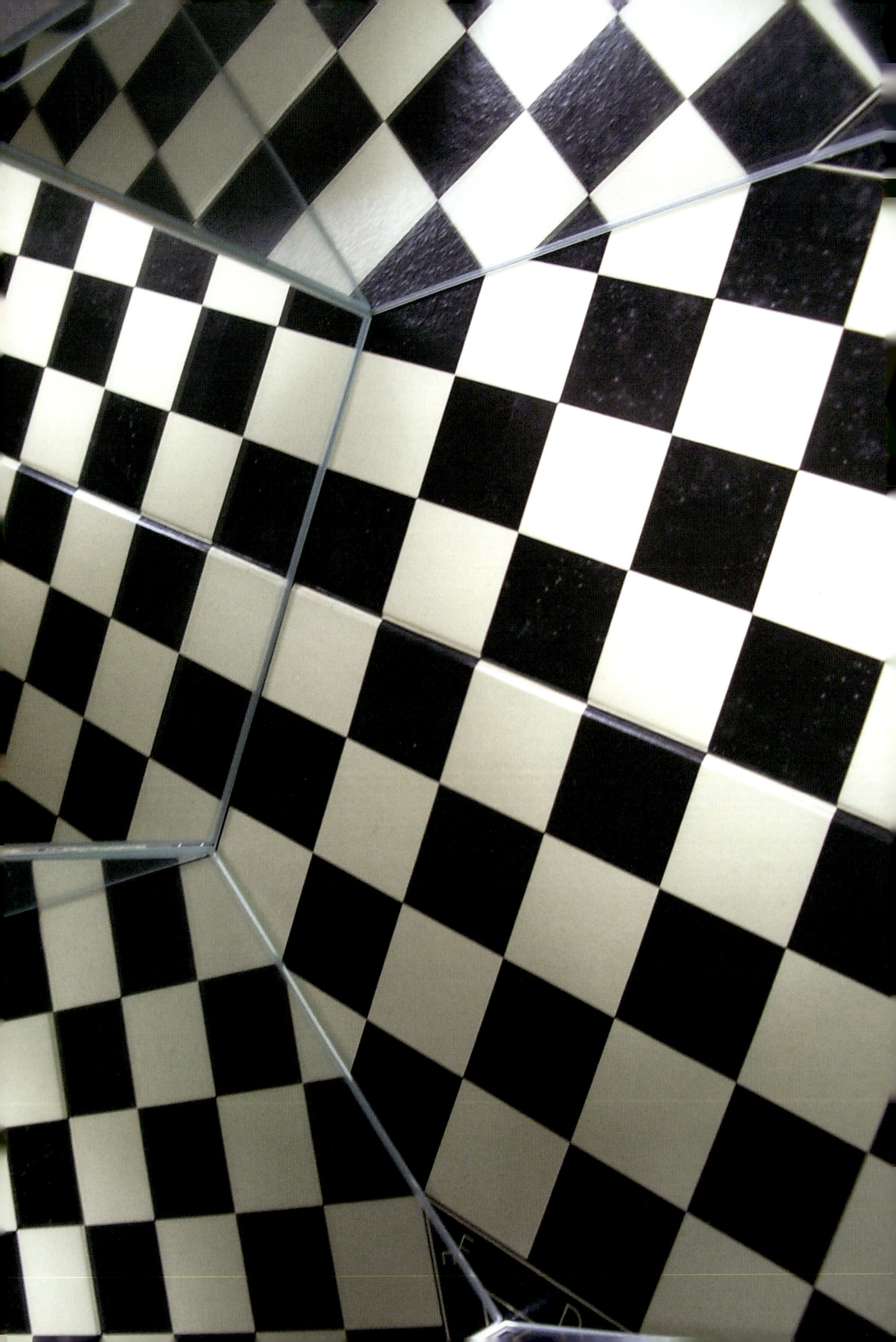

Spiegelkunst:
Erfinden
Ideen entwickeln
schöpferisch sein
Gestalten

Spiegelkunst: Erfinden – Ideen entwickeln – schöpferisch sein – Gestalten

Nach dem Beobachten, Ordnen und Experimentieren wird nun jenes Denken angesprochen, das mit Erfindungsreichtum neue Ideen entwickelt und umsetzt. Bisher sind wir schrittweise vorgegangen, jetzt geht es verstärkt um Mehrdimensionalität und Sprunghaftigkeit. Denn oft entsteht eine Idee ganz plötzlich, wenn man sich längere Zeit mit einem Problem beschäftigt, mehrere Lösungsmöglichkeiten gleichzeitig entwickelt und gegeneinander abgewogen hat. In der Gruppe lassen sich Lösungsmöglichkeiten in einem Brainstorming, alleine auch mit einem Mindmapping oder Clustering entwickeln. Joy Paul Guilford (1897-1987) spricht in diesem Zusammenhang vom konvergenten und divergenten Denken.

Der kreative Schaffensprozess ist ein Ringen um den richtigen künstlerischen Ausdruck und mitunter nur auf Umwegen zu erreichen. In einem Film, der zeigt, wie Picasso auf Glasscheiben malt, nennt der Künstler den schwierigen Prozess »le drame du createur«.

Das Kind als Träger unbewusster, origineller, dynamischer Prozesse ist wie geschaffen für schöpferisches Denken, das immer auch von Aha-Erlebnissen begleitet wird. Kinder können nach Franz Werfels musischem Credo beschrieben werden: »seelisch-geistig bewegt, erschütterlich und rauschfähig, phantasievoll und weltoffen...«. Dieser Eigenschaftskatalog beschreibt eine stark emotional bestimmte innere Dynamik, eine intensive Hingabe an die zu lösende Aufgabe. Doch ein Kind braucht auch Konzentration und Ausdauer, um ein Problem kreativ zu bewältigen. Nicht immer gelingt ein Werk auf Anhieb, manches muss neu durchdacht werden. Das kann auch bedeuten, gerade Geschaffenes wieder zu zerstören und neu aufzubauen, die verwendeten Materialien zu verwerfen oder sich für ein anderes Werkzeug zu entscheiden. Es ist nicht leicht, über mehrere Tage oder sogar Wochen mit Freude und Begeisterung an einem Werk zu arbeiten. Doch Vorschulkinder und Schulkinder sollten diese Fähigkeiten trainieren.

Was kann man mit oder aus Spiegeln alles kreieren? Spiegel werden verziert, neu- oder umgestaltet, viele Spiegel schaffen Raumillusionen, verwandeln unscheinbare Gegenstände in Kostbarkeiten, lassen Lichter tausendfach leuchten, Spiegelscherben regen zum Gestalten an.

Sandspiegelobjekt

Auf einen Spiegel wird farbiger Sand gestreut – doch einige Stellen bleiben frei oder werden mit dem Finger freigeschoben.

Beispiele aus der Weiterbildung

Viele Kollegen/innen freuen sich über die Teilnahme einem Spiegelworkshop oder bieten selbst etwas Ähnliches für Erwachsene an. Auch für diese kreativ begeisterte Zielgruppe lässt sich das Spiegelthema spannend aufbereiten. Ein Beispiel aus einer Weiterbildung in Köln, der Weiterbildung zum/r Kunstpädagogen/in bei dem Bildungswerk KIK:

Ausgangsmaterial sind Kalender mit Werken unterschiedlicher Künstler, ganz gleich, ob es sich um figürliche Darstellungen, Landschaften oder Stilleben handelt. Wichtig ist, dass der Personenkreis angesprochen wird, und dass der Kalender auch in kunstgeschichtlicher Hinsicht interessant ist. Mit runden, quadratischen oder sechseckigen Spiegelkacheln entstehen überraschende, neue Bildkombinationen. Einer langen Wahrnehmungsphase folgt dann die Gestaltungsphase.

Eine weitere Möglichkeit liegt in dem Arrangieren eines großen Tischstilllebens mit Spiegeln. Die Dinge und Farben der Umgebung verzerren oder verdoppeln sich. Dies sind spannende Erfahrungen für ein neues Stilllebengefühl.

Aus schwarzen Mülltüten lassen sich Tischseen in arrangierten Landschaften erschaffen, in denen Uferblumen oder Felsen aus Steinarrangements zu erkennen sind. Auch flache, dunkle, mit Wasser gefüllte Schalen, wie man sie in der Küche oder in Vogelvolieren findet, sind geeignet.

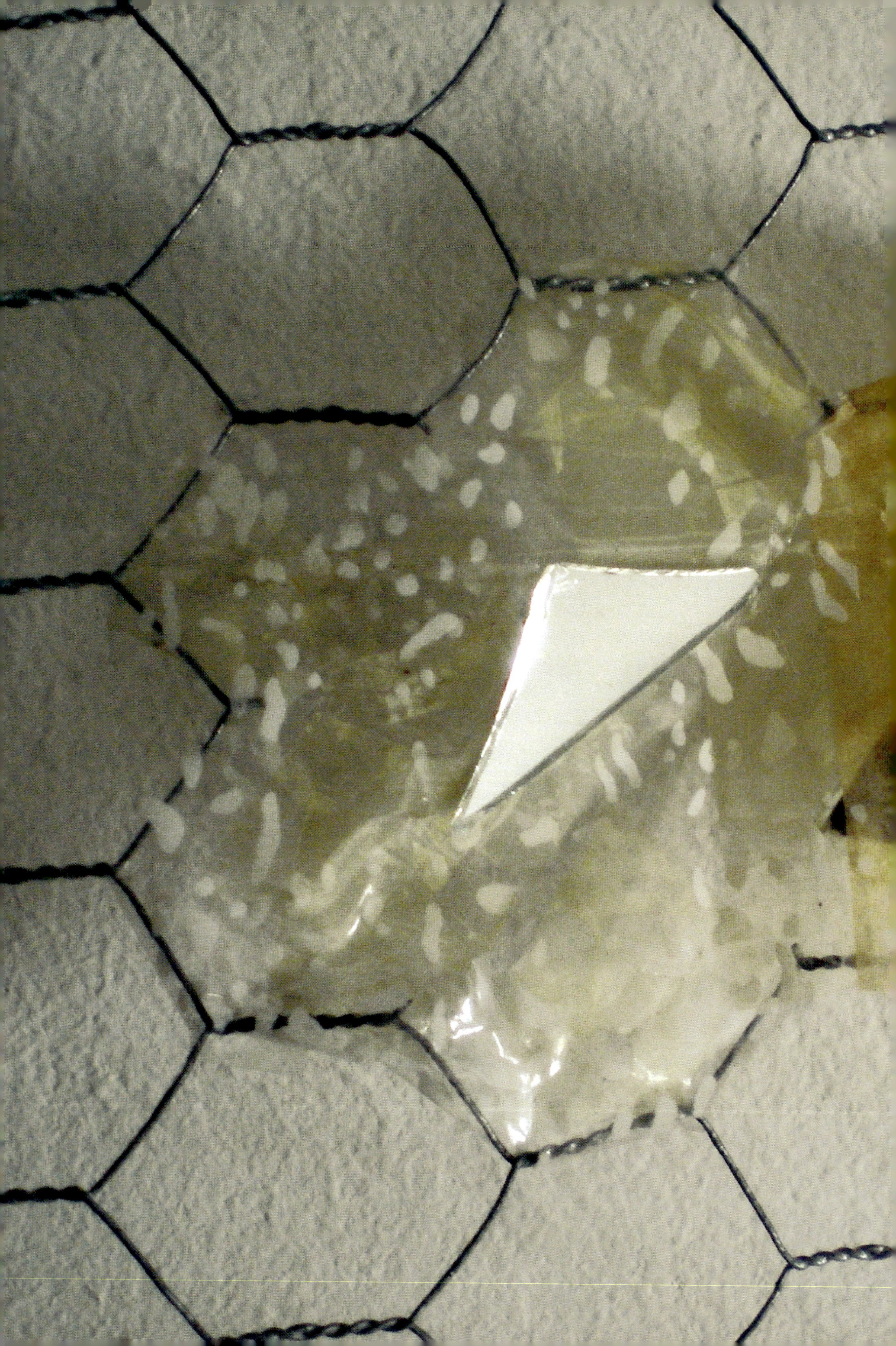

Sandspiegelobjekt 69

Beispiele aus der Weiterbildung

Viele Kollegen/innen freuen sich über die Teilnahme einem Spiegelworkshop oder bieten selbst etwas Ähnliches für Erwachsene an. Auch für diese kreativ begeisterte Zielgruppe lässt sich das Spiegelthema spannend aufbereiten. Ein Beispiel aus einer Weiterbildung in Köln, der Weiterbildung zum/r Kunstpädagogen/in bei dem Bildungswerk KIK:

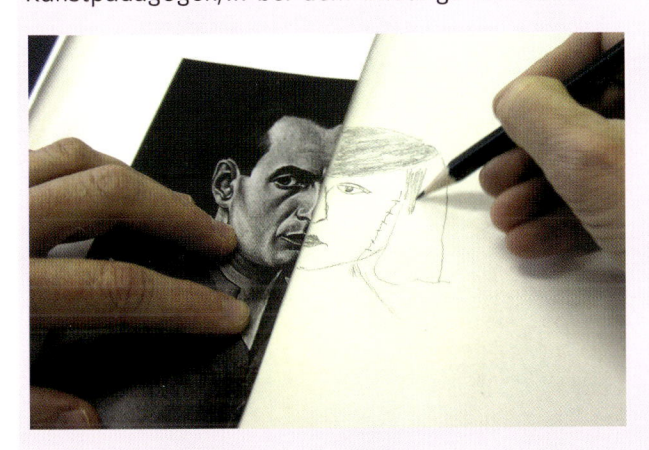

Ausgangsmaterial sind Kalender mit Werken unterschiedlicher Künstler, ganz gleich, ob es sich um figürliche Darstellungen, Landschaften oder Stille-

ben handelt. Wichtig ist, dass der Personenkreis angesprochen wird, und dass der Kalender auch in kunstgeschichtlicher Hinsicht interessant ist. Mit runden, quadratischen oder sechseckigen Spiegelkacheln entstehen überraschende, neue Bildkombinationen. Einer langen Wahrnehmungsphase folgt dann die Gestaltungsphase.

Eine weitere Möglichkeit liegt in dem Arrangieren eines großen Tischstilllebens mit Spiegeln. Die Dinge und Farben der Umgebung verzerren oder verdoppeln sich. Dies sind spannende Erfahrungen für ein neues Stilllebengefühl.

Aus schwarzen Mülltüten lassen sich Tischseen in arrangierten Landschaften erschaffen, in denen Uferblumen oder Felsen aus Steinarrangements zu erkennen sind. Auch flache, dunkle, mit Wasser gefüllte Schalen, wie man sie in der Küche oder in Vogelvolieren findet, sind geeignet.

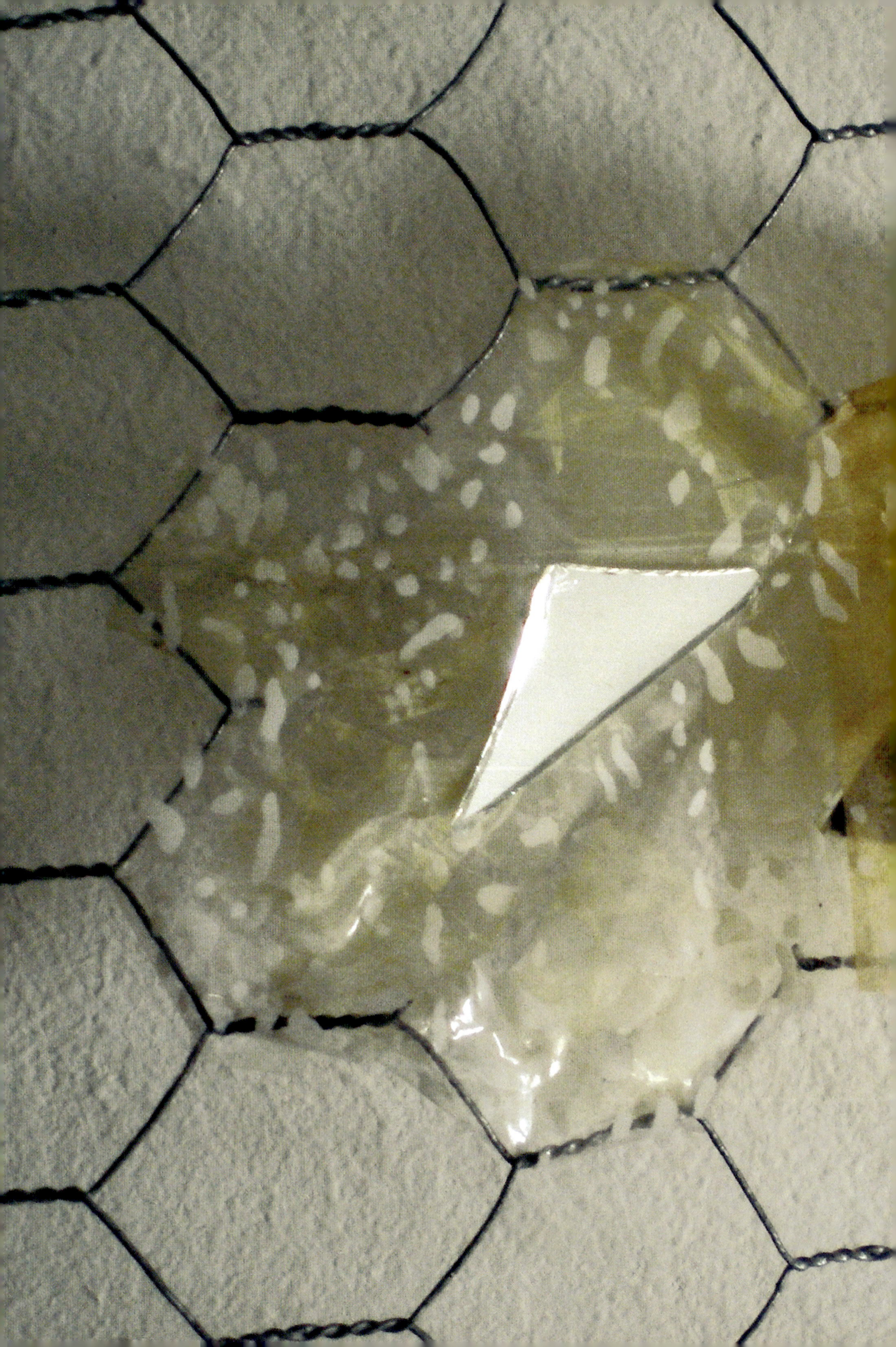

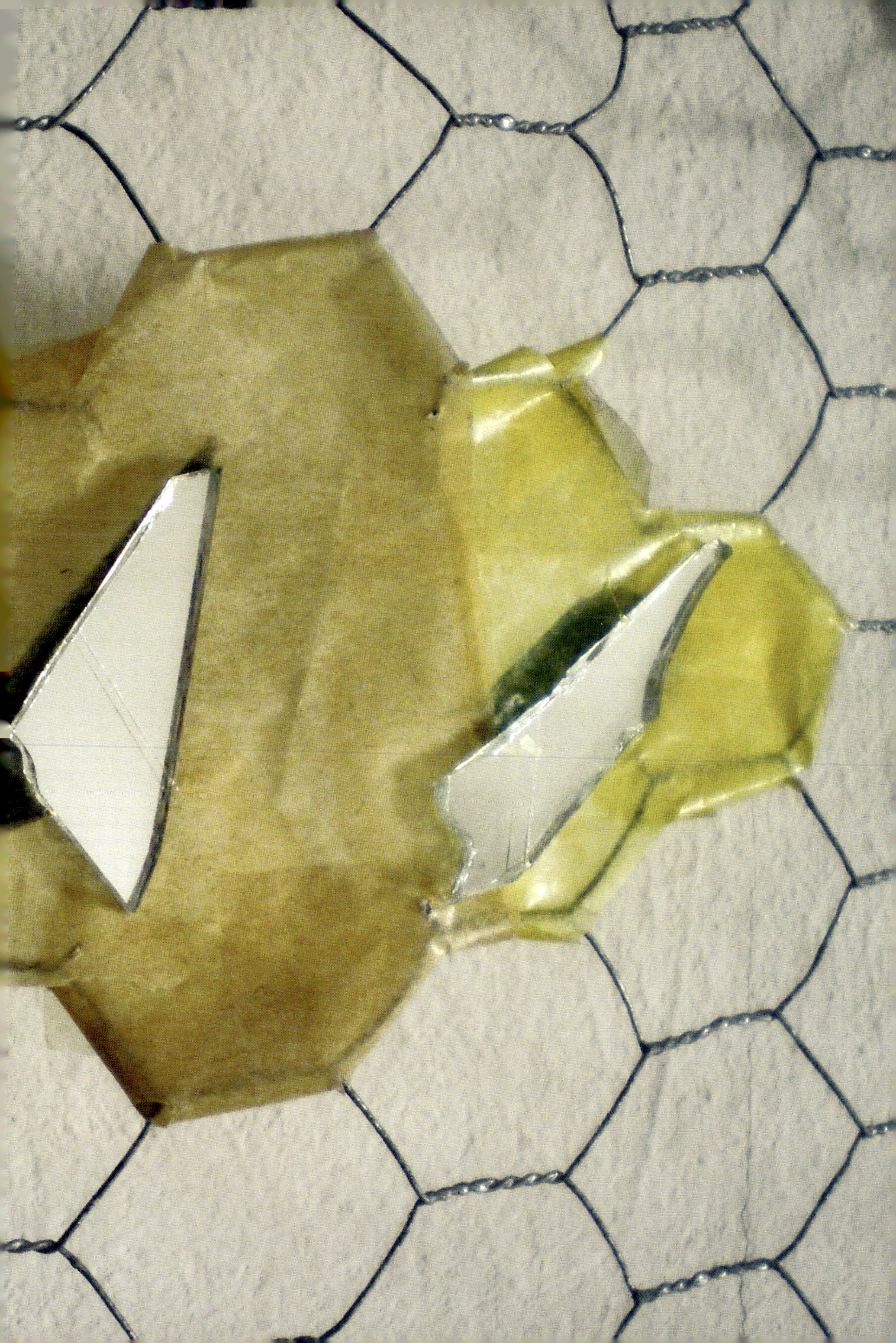

Spiegelkunst: Erfinden – Ideen entwickeln – schöpferisch sein – Gestalten

Schmuckspiegel

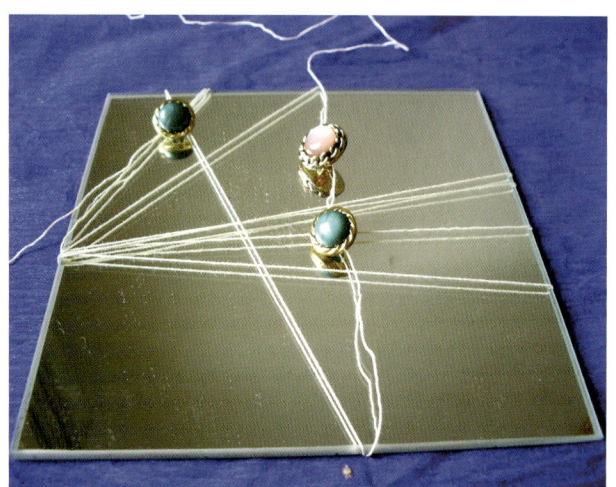

Schmuckspiegel lassen sich aus unterschiedlichen, oft ganz alltäglichen Materialien herstellen:
- Naturmaterialien
- Kordel, Garn, Knöpfe
- Geschenkpapier
- Bemalungen mit Wasserfarbe
- Puzzlereste

Folienspiegel

Ein Spiegel fürs Puppenhaus aus Alufolie: Einfach die Folie auf Pappe kleben und die nach hinten gebogene Fläche als Ständer nutzen – nun kann das Püppchen sich spiegeln!

Auch spiegelnde Mobiles lassen sich aus Folie gestalten...

Spiegelschmuck

Spiegelscherben

Ein zerbrochener Spiegel bringt sieben Jahre Pech, sagt ein Sprichwort. Er stammt vermutlich noch aus jener Zeit, da Spiegel etwas Wertvolles und kaum zu ersetzen waren. Doch das ist lange her – wir gestalten mit Spiegelscherben fröhliche Kunstobjekte!

Spiegelschmuck

Aus kleinen Scherben, Lederresten und Federn lassen sich geheimnisvolle Schmuckstücke basteln.

Geschmacksspiegel-Memory

Silberpapiere von Fruchtbonbons werden als Schmuck auf Spiegel geklebt und diese Geschmacksspiegel aufgehängt. Der Reihe nach erhalten die Mitspieler ein Fruchtbonbon, sollen den Geschmack erraten und das Papierchen ebenfalls auf den entsprechenden Spiegel kleben.

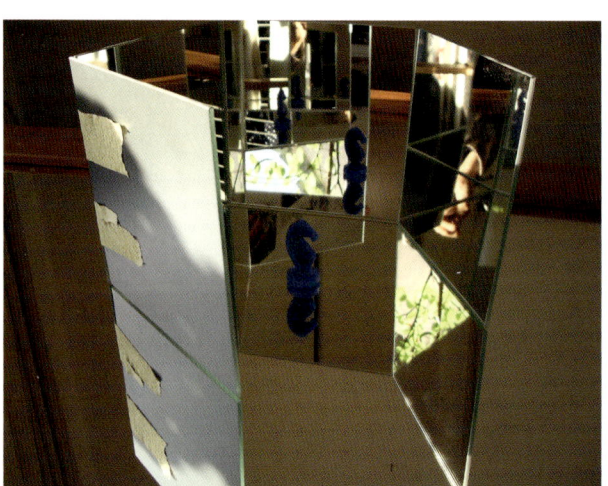

Raumillusionen

Die Idee ist in der europäischen Kultur nicht neu. Unter Ludwig XIV. erbaut, war der Spiegelsaal von Versailles lange Zeit Vorbild für das höfische und kulturelle Leben in Europa. In den wertvollen Kristallspiegeln an den Wänden erscheint der Raum lichtdurchflutet, noch kostbarer und um ein Vielfaches größer. Im Jahre 1900 wurde auf der Pariser Weltausstellung der Palast der Illusionen gezeigt: Er war sechseckig, hatte verspiegelte Säulen, und auch seine Wände bestanden aus Spiegeln. Die Besucher befanden sich dadurch in einer in die Unendlichkeit gehenden Säulenhalle, in der sie sich wieder und wieder sehen konnten. Diese Illusion lässt sich mit einem Sechseck aus Spiegelfliesen verdeutlichen.

Kaleidoskop

Auf dem Prinzip des Wieder-und-Wieder-Spiegelns beruht auch das Kaleidoskop.

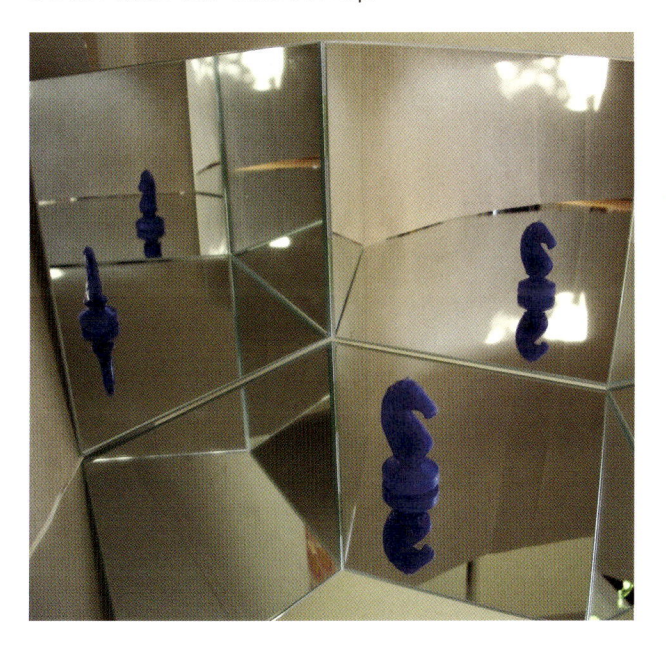

Periskop

Mit einem Periskop kann man um die Ecke schauen. So erkundet man im U-Boot, das unter Wasser schwimmt, was über Wasser passiert.

Ein Periskop besteht aus einem Lichtkanal (meist ein Rohr, hier ein länglicher Holzkasten).

An der einen seitlichen Öffnung lenken kleine Spiegel die Lichtstrahlen auf einen weiteren Spiegel am Ende des Kastens. Die Spiegel sind etwa im Winkel von 45 Grad zueinander angebracht.

Bei einem Streifzug durch die Innenstadt Münchens fällt uns das Kinder- und Jugendmuseum in der Augustenstraße auf. Vor einiger Zeit gab es hier eine Spiegelausstellung und im dem Katalog dazu findet sich auch der Bauplan für ein Taschenperiskop. Viel Spaß beim Nachbauen!

Arbeitsschritte beim Bauen eines Holzperiskops:
- Anzeichnen der Brettchen
- Sägen der Einzelteile
- Experimentieren mit den Einzelteilen
- Zusammenfügen mit Leim
- Nageln
- Anstreichen mit schwarzer Farbe
- Ineinanderfügen
- Anbringen der Spiegel
- das erste AHA-Erlebnis
- Dekorieren
- Starfotos bei einer Expedition ins Freie

Spiegelkunst: Erfinden – Ideen entwickeln – schöpferisch sein – Gestalten

Periskop 77

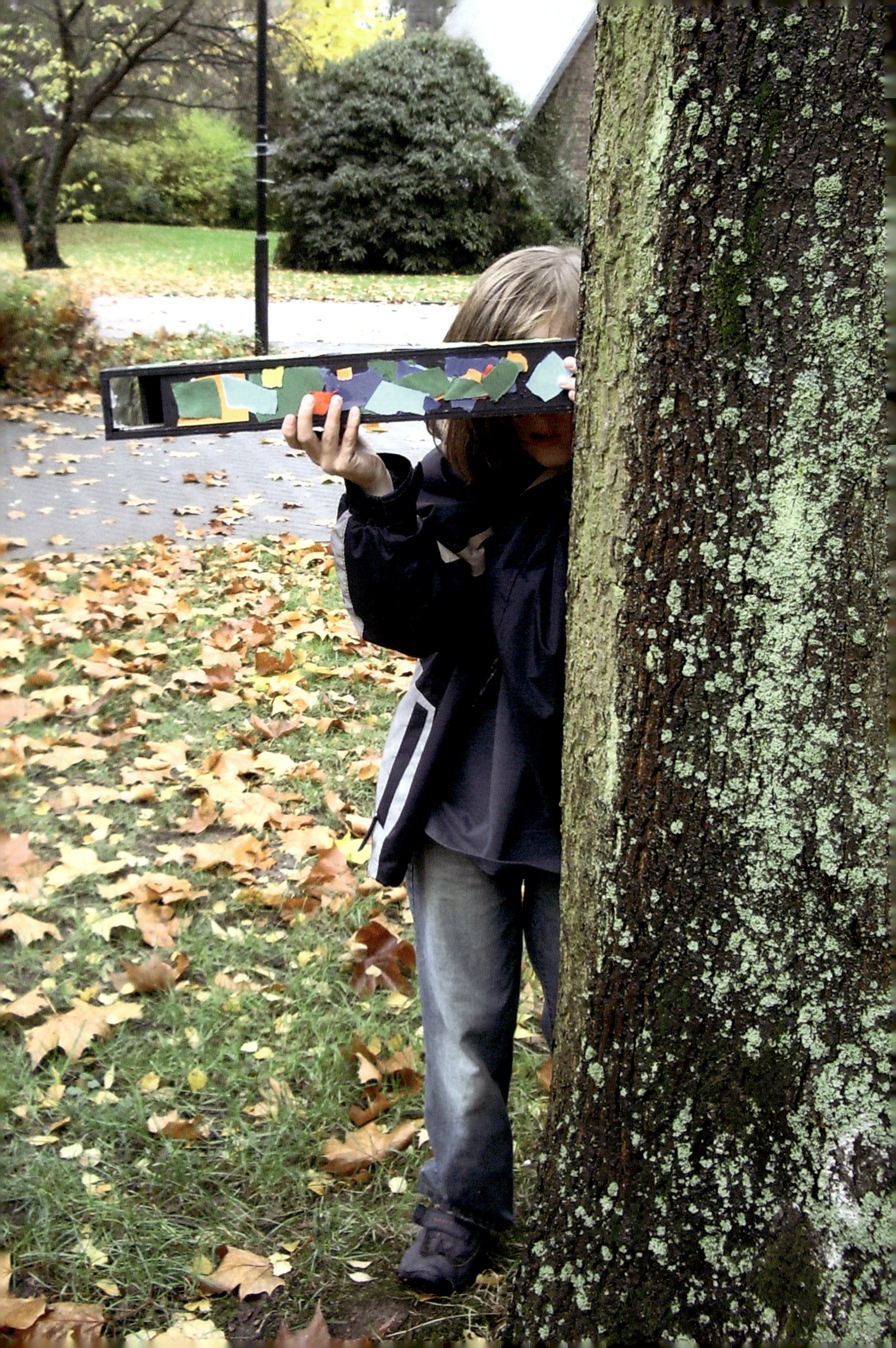

Spiegelungen in der Kunst:
Malerei
Grafik
Plastik

Spiegelungen in der Kunst: Malerei – Grafik – Plastik

Auch aus der Beschäftigung mit Spiegel-Kunstwerken lassen sich viele Ideen für eigene Schöpfungen mit Kindern und Heranwachsenden entwickeln.

Ernst Ludwig Kirchner
Fränzi vor geschnitztem Stuhl (1910)

Für diese abstrakte Malweise sind Borstenpinsel, Plakatfarben und Wachsmalstifte gut geeignet.

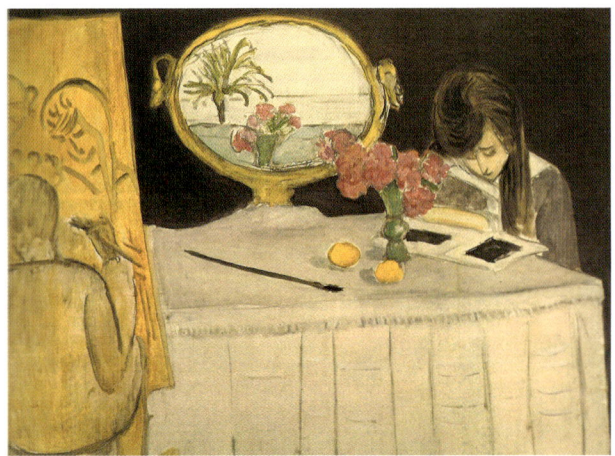

Anfang des 20. Jahrhunderts widmete sich eine Gruppe von Malern, die Expressionisten, der intensiven Darstellung von Gefühlen. Dabei ging es in erster Linie um das persönlichen Erleben und nicht die naturgetreue Wiedergabe. Die so entstandenen, vereinfachten Formen können uns den Weg zum Malen mit Kontrasten eröffnen. Wie in einer Spiegelung liegen sich im Farbkreis die Komplementärkontraste gegenüber und ergänzen einander im Auge des Betrachters.

Diese Farbspiegelungen in den Komplementärfarbpaaren hat Kirchner in seinem Mädchenbildnis eingesetzt: Das Gesicht ist grün – der Mund in der Kontrastfarbe feuerrot, die ist Kette blau – die Musterung orange, die Lehne ist lila – die Blumen sind gelb.

Henri Matisse
Die Malstunde (1919)

Spiegel können uns eigentlich nicht Sichtbares zeigen, eine Welt, die außerhalb unseres Blickwinkels liegt: die Landschaft vor dem Fester, Blumenvasen in der gegenüberliegenden Zimmerecke oder Personen außerhalb des Blickfeldes. Matisse nutzt diese Spiegeleigenschaften, denn der kleine ovale Spiegel zeigt eine andere Wirklichkeit außerhalb des Bildes.

Spiegelwelten dieser Art lassen sich gut in einer Aquarelltechnik anfertigen. Auf das zum Teil mit Wasser benetzet Papier wird nass-in-nass gemalt. So verschwimmt – im wahrsten Sinne des Wortes – auch die zweite Wirklichkeit im Auge des Betrachters.

Adolf Luther
Spiegel-Objekte (1970er Jahre)

Der Künstler Adolf Luther schuf Objekte, die das Licht in vielfältiger Weise reflektieren. Die Beispiele zeigen Lichtobjekte aus Handspiegeln, die unterschiedlich abbilden: einige vergrößern, andere zeigen die Originalgröße. Abwechselnd arrangiert, geben sie ein schimmerndes und spiegelndes Bild aus vielen Einzelbildern wieder.

Wie wäre es mit einer Umsetzung in der Relieftechnik? Dazu werden Spiegelscherben in eine Gipsmasse gedrückt und mit Glitzer bestreut. Es entstehen Spiegel-Objekte, die vielfach reflektieren.

82 Spiegelungen in der Kunst: Malerei – Grafik – Plastik

M. C. Escher
Hand mit spiegelnder Kugel (1935)

Der Künstler M. C. Escher hat sich in vielfältigster Weise mit Sinnestäuschungen beschäftigt. Er beobachtete Spiegelungen in der Natur und konstruierte anschließend seine Bilder. Die Kugel zeigt ein verkleinertes Bild der Welt, das sich zu den Polen hin stark verzerrt.

Wir arrangieren Kugelobjekte, die zwar die Welt im ganzen Ausschnitt, doch verkleinert widerspiegeln: Weltkugeln.

Mariko Mori
Mirror of Water (1998)

Als Anregung für Collagen kann die Arbeit dieser jungen japanischen Künstlerin dienen: Farbfotografien zwischen Glas. Farbfotos aus Illustrierten werden

Baumkino | 83

Rebecca Horn (*1944)

Die international bekannte deutsche Künstlerin hat sich in vielen Aktionen und Installationen mit Spiegeln auseinandergesetzt. Sie entwarf Spiegelkleidung und gestaltete große Installationen mit Flachspiegeln. Sie hat installierte Rund- und Drehspiegel um die Räume zu verändern, zu verdoppeln oder zu vergrößern.

Der »Mondspiegel«, eine gewaltige Spiegelinstallation in der Berliner St. Johannes-Evangelist-Kirche, beruht im Wesentlichen auf einer Kombination von Spiegeln: Einem Flachspiegel als Brunnen, der nach allen Seiten gekippt werden kann, und einer Spiegelkugel in der Deckenkuppel darüber. Durch die bewegliche Spiegelkombination unten wird der Kirchenraum mit allen Besuchern in der Spiegelkugel an der Decke mehrfach gespiegelt und gedreht.

Der Raum wird verändert wahrgenommen, man sieht Einzelheiten, die beim normalen Durchschreiten nicht bemerkt werden.

Der Kirchenraum wird durch das Spiegelobjekt Sinnbild für das Zusammentreffen von Orient und Okzident als »Sprach- und Sichtrohr für Menschen«.

Diese Installation lässt sich einfach nachbauen: Mit einem flachen Spiegel und einer blanken Suppenkelle.

auf dem Kopf herum montiert. Es können sich auch sehr schöne Mehrfachspiegelungen ergeben!

Auch wir wollen Räume nicht als gegeben hinnehmen, sondern (auch durch Spiegel) verändern.

Spiegel können Räume vergrößern, erhellen und freundlicher machen. Doch zu viele Spiegel an ungeeigneten Plätzen können einen Raum auch beklemmend und nahezu unbenutzbar machen.

Ein besonderer Raumschmuck entsteht mit großen, drehbaren Spiegeln: Drahtbügel werden in eine beliebige Form gebogen, die man mit Silberfolie bespannt, so dass beide Seiten spiegeln. Die bespannten Bügel lassen sich einfach an Haken aufhängen oder anklemmen und schweben dann im Raum.

Baumkino

Schon der Name – Baumkino – lässt bei Kindern die Fantasie regelrecht explodieren. Gerne möchten sie nach einem solchen intensiven Walderleben selbst ein Spiegelkino haben. Also geht es das nächste Mal mit einigen spiegelnden Flächen ins Grüne. Film ab! heißt es beim Verteilen von Kuchentabletts auf der Wiese unter den Bäumen. Jedes Kuchentablett zeigt sein eigenes Programm – und es darf auch gelacht werden, wenn es in die Filme regnet!

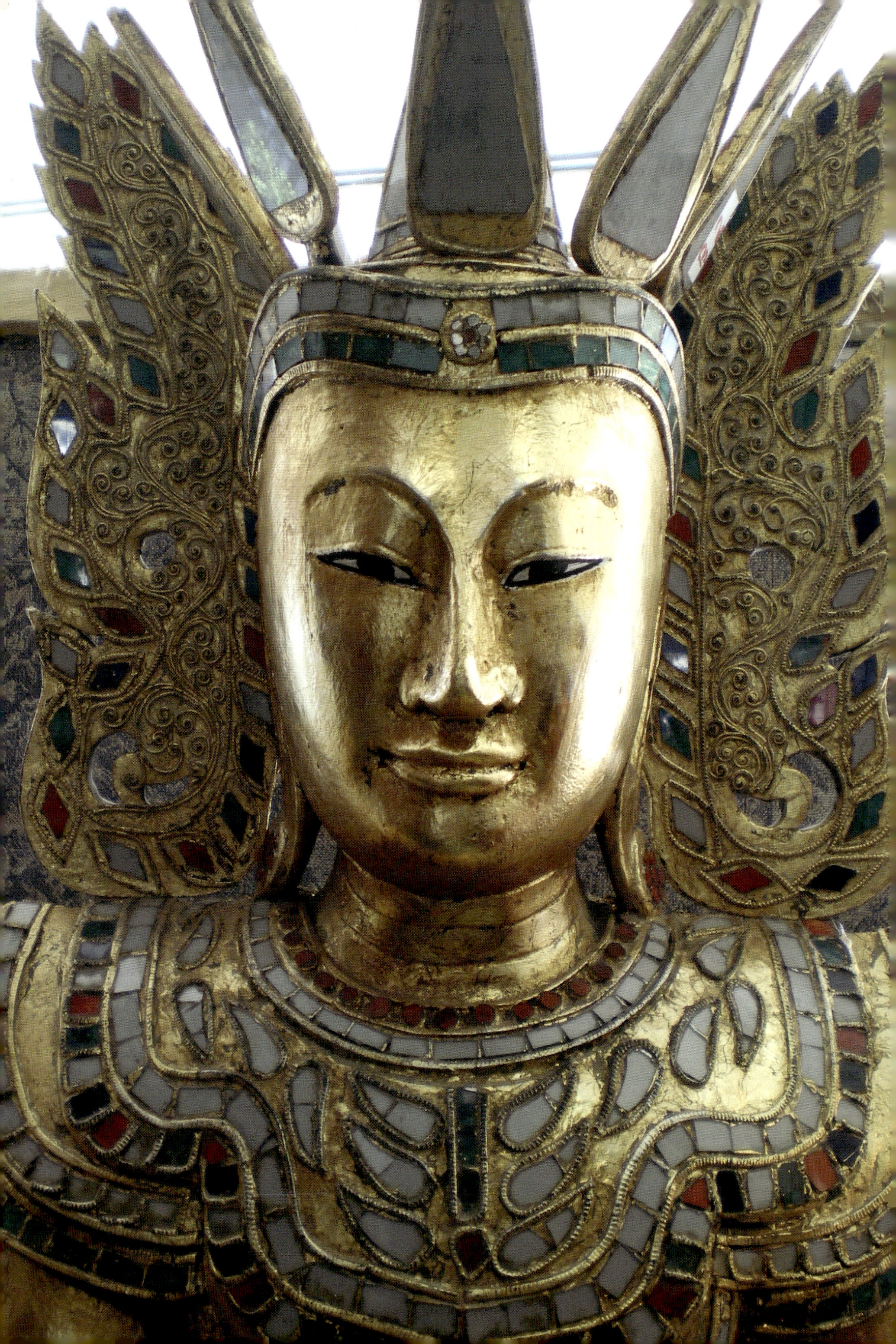

Im Spiegelexpress
um die Welt

Im Spiegelexpress um die Welt

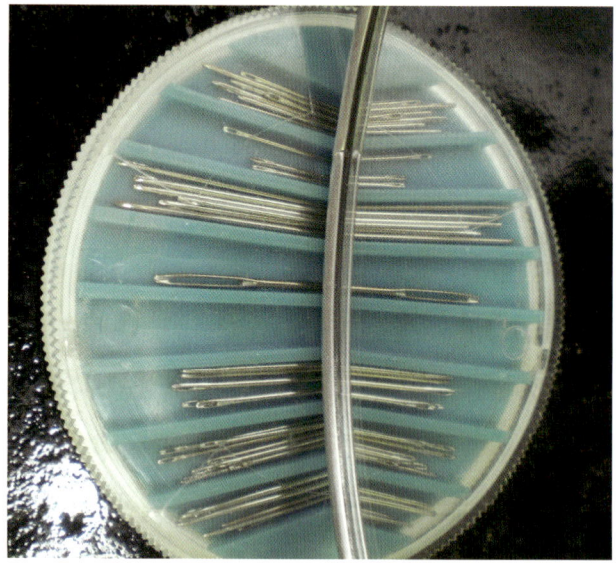

Zum Schluss begeben wir uns im Spiegelexpress auf eine globale Überraschungsreise.

Wohin die Reise geht, wissen wir zwar noch nicht, aber wir haben trotzdem ein Ziel: Wir wollen in die Spiegel der Welt schauen, Kleines und Großes entdecken, Natürliches und Künstliches.

Da gibt es die grünen Tomaten im Garten oder die blauen Blumen am Fensterbrett, die zarten Zimmerrosen, die keimenden Kartoffeln, die Zwiebelschalen, die Plastiktüte am dem spiegelnden Haken, schöne Steine aus Namibia, jede Menge Knöpfe, Nähnadeln, kleine Plastikenten vom Osterfest.

Im Kölner Skulpturenpark lassen wir uns von einem gewaltigen Hohlspiegel überraschen: alles steht auf dem Kopf.

Im Spiegelexpress um die Welt

Ein Solarkraftwerk in den Französischen Pyrenäen verwandelt Sonnenlicht in Strom – und spiegelt zugleich die phantastische Landschaft wieder.

In China begegnen wir ganz zufällig in einem Automaten einen kleinen Zauberspiegel.

Oder wir entdecken auf unserer Reise die großen Spiegelobjekte von Anish Kapoor, einem Künstler aus Bombay. Das »Wolkentor« (Cloud Gate) steht in Chikago, die »Himmelsspiegel« (Sky Mirrors) befinden sich in Köln, Nottingham und am Rockefeller Center in New York. Sie sind riesig und bestehen aus poliertem Stahl. An die Kugelspiegelungen von Escher erinnert die große Spiegelkugel »Turning the World upside«, was so viel heißt, wie »die Welt auf den Kopf stellen«.

An einer Uferpromenade in Stockholm erstreckt sich über Hunderte von Metern das Spiegelmosaik »Miraculum 510« der Künstlerinnen Backa Carin Ivarsdotter und Monica Larsson.

Im Spiegelexpress um die Welt

Gigantisch ist die Spiegel-Windinstallation des isländischen Künstlers Olafur Eliasson beim Spiegelhaus in Berlin am Regenwasserteich in der Nähe des Sony Centers. Er ist von der Natur seiner Heimat sehr beeinflusst und verbindet an diesem Spiegelhaus die Lichtspiegelungen mit Wind. Er kreierte auch ein begehbares Riesenkaleidoskop in Wolfsburg, das »Hexagonale Kaleidoskop«.

Überall werden wir Menschen begegnen, die sich spiegeln, die Spiegel herstellen oder mit Spiegeln handeln, die sich in Spiegeln selbst erkennen oder durch Spiegel mit anderen kommunizieren, Menschen, die Spaß haben an Spiegelspielen, an Spiegelschmuck – und denen Spiegeleier schmecken.

Wir wollen fantasievollen Spiegelgeschichten lauschen, vielleicht auch die eine oder andere selbst erfinden und weitererzählen auf den vielen Stationen unserer Spiegelreise.

Eine indische Tänzerin lädt zum Spiegeltanz ein. Pfeift dazu eine kleine Melodie einmal aufwärts und einmal abwärts!

In einem Vorort von Paris, in Aubervillier, entdecken wir am Straßenrand zwei kleine Mädchen, die eine alte Decke ausgebreitet haben. Sie verkaufen kleine Dinge und Spielsachen, die sie nicht mehr gebrauchen können. Da – ein kleiner Delphin wagt einen Sprung durch einen Reifen! Doch beim genauen Hinsehen sind es ja zwei Delfine!

Und der Spiegelexpress fährt weiter: In Afghanistan finden wir Spiegelkleider, in der Türkei verlieben wir uns in Brautkleider mit Spiegelverzierung, wir bewundern Spiegelkleidung aus Indien, lassen uns von Spiegelplastiken aus Nepal verzaubern und stöbern Spiegelmodelle im Orient auf.

Eines Tages, wenn wir uns in den Augen eines fremden, bisher unentdeckten Volkes oder eines unerforschten Sees spiegeln, entdecken wir uns neu. Auf der Spiegelreise zu uns selbst haben wir dann unser eigenes Spiegelbild gefunden.

Oder wir finden am Wegesrand einen spiegelnden, herzförmigen Stein. Bei unserer Spiegelfahrt im Spiegelexpress durch die Spiegelkugelwelt soll er unser Talisman sein. Unser kleiner Taschenspiegel hält eine Überraschung bereit – wir haben ein zweites Herz gewonnen. Das könnte der Anfang einer weiteren, wunderbaren Spiegelgeschichte werden…